台湾刑事法学精品文丛

没收犯罪所得程序法制与实务

MOSHOU FANZUI SUODE CHENGXU FAZHI YU SHIWU

李杰清◎著

中国检察出版社

图书在版编目（CIP）数据

没收犯罪所得程序法制与实务／李杰清著. —北京：中国检察出版社，2016.9

ISBN 978-7-5102-1624-4

Ⅰ.①没… Ⅱ.①李… Ⅲ.①刑罚-研究-台湾省 Ⅳ.①D927.580.404

中国版本图书馆CIP数据核字(2016)第060224号

简体中文版由元照出版有限公司（Taiwan）授权中国检察出版社出版发行

没收犯罪所得之程序法制与国际刑事司法互助：以台、日扣押法制的比较法考察为核心，李杰清著

2010年10月，ISBN：978-986-255-068-7

没收犯罪所得程序法制与实务

李杰清 著

出版发行：中国检察出版社

社　　址：北京市石景山区香山南路111号（100144）

网　　址：中国检察出版社（www.zgjccbs.com）

编辑电话：(010)88685314

发行电话：(010)88954291　88953175　68686531

(010)68650015　68650016

经　　销：新华书店

印　　刷：保定市中画美凯印刷有限公司

开　　本：710 mm×960 mm　16开

印　　张：12

字　　数：196千字

版　　次：2016年9月第一版　　2016年9月第一次印刷

书　　号：ISBN 978-7-5102-1624-4

定　　价：56.00元

作者简介

李杰清

现　职

台北科技大学通识教育中心副教授

学　历

日本早稻田大学法学博士

经　历

台北科技大学通识教育中心助理教授
日本早稻田大学访问学者
台湾“法务部查扣犯罪所得法令研修小组”委员

自序

《没收犯罪所得程序法制与实务》一书在架构完整及论理一贯的原则下，除部分内容为增补本人刊载于《检察新论》、《台湾法学杂志》及《台北大学法学论丛》等期刊之旧作外，其余近七成皆为新近的研究成果。这些增补及新撰的内容，多为本人近年在参加“法务部”查扣犯罪所得法令研修小组会议、“法务部”调查局洗钱防制处、经济犯罪防制处、台湾刑事法学会等相关修法研讨会、座谈会及学术研讨会中所吸取之实务、学术经验，以及在担任日本早稻田大学法务研究所访问学者期间，参与早大社会安全研究所定期发表会及第三届日中犯罪学学会交流等所取得之研究心得。

不同于一般的论文集结，本书在广度上以没收洗钱犯罪所得的实体及程序为出发点，再藉由比较法及国际公约之观点，凸显了我国台湾地区没收前置阶段扣押等程序法制的缺失。在深度上，则依序评析了我国台湾地区现存之有关扣押及扣押物发还等问题；探讨了对金融账户强制处分、没收被告以外第三人程序法制等议题。最后在参酌日本学说及法制后提出改善我国台湾地区法制缺失或修法之刍议，以健全没收的程序法制，确保在诉追犯罪及没收犯罪所得的同时，更能维护被害人及善意第三人之财产权益及程序正义。

本书之完成，首先必须感谢“法务部”检察司及调查局洗钱防制处的盛情邀请，使我能参与定期召开的主题式研讨会议及各项相关会议，进而能深刻地认识实务单位迫切需要解决的问题。其次要感谢台北科技大学人文与社会科学学院院长徐正戎教授二度带领本校研究团队（陈慧贞副教授、陈建文助理教授及本人）执行教育部整合型法学教育教学研究创新计划，在广泛邀请学术及实务界专家针对书中部分议题参与讨论中，间接充实了本书的内容。再者，感激日本住友财团提供为期一年的研究补助以及日本交流协会资助添购必要之研究图书。最后，也要感谢台北科技大学研发处、人文与社会科学学院、通识教育中心所有同仁在教学、研究及行政上所给予的支援，研究助理李承远协助文书编排，“法务部”调查局洗钱防制处吴天云、魏武群及“最高法院”法官助理郭俊泽提供宝贵意见及协助校稿，元照出版公司热情支援出版事务以及家人对我以校为家的宽容与体谅。

长久以来，在刑事实体法的领域里，没收法制并未受到太多的关注；在刑事程序法的领域里，扣押法制更是如此。本书从比较法之观点，剖析扣押法制、未被确认为共犯之第三人财产没收的程序等一般论著较少涉及之艰深课题。面对此类即使在先进国家亦属于因犯罪情势及规模迅速恶化，而必须积极加强法制整合之发展中的课题，由于个人才疏学浅，思虑可能不够周详，且本书匆促付梓，误漏之处难免，尚祈刑事法学专家、学者及各界先进不吝指正，则不胜感激之至！

李傑清

谨志于台北科大

2015年4月

目录 Contents

第一章
绪　论

第一节 问题所在

在当代社会里，人们习于以利益思考作为行为的准则。此在财产犯罪的领域，更是显而易见。尤其是在防制毒品、组织、贪污、洗钱、诈欺及经济犯罪等特定重大犯罪时，如何及时、有效、适切地剥夺犯罪所得，除为打击该特定犯罪动机之利器外，亦为当前刑事立法政策的主流思考。在此立法政策的主导下，大陆法系国家刑事实体法制已在理论上走出传统刑罚或保安处分之二元思考，逐渐容许能强化社会规范及整体安全秩序之利益剥夺的三元思考。因此，无论是没收的对象或客体，都有扩大发展之倾向。在此同时，如何藉由刑事程序法制使其在人权（财产权、诉讼权等）保障及维护社会整体秩序（犯罪侦查的利益、强化“犯罪无利可图”的规范意识等）间求得均衡，无疑是个重要课题。

在没收法制逐渐发展的同时，一个长期被忽略的被害人保护问题，亦有日益受到重视之趋势。特别是，不论国际公约或主要先进国家的立法例多有在没收执行前必须优先发还被害人（包括善意第三人）之规定，以利彰显法律保护被害人的司法正义。而此与没收实体法制的扩大，看似相互对立或排斥之法制，但实质上却是高度重叠的补充关系。例如：当违禁物以外之没收客体存在时，通常多会有被害人，且在其无法充分损害回复[①]时，没收亦无法执行。反之，没收客体若不存在，除非能针对犯罪人之其他财产及时保全扣押等，否则，日后的刑事损害回复或民事损害赔偿，恐是遥遥无期，显然有悖于公理、正义。因此，针对特定重大财产犯罪之多元化（不动产证券化、可转换债等衍生性金融商品）、无体化（股票、债券）或虚拟化（网络银行、电子商务），无论是基于必须适切剥夺犯罪所得之刑事政策或本于司法正义必须优先重视被害人损害回复之观点，如何健全没收程序法制的扣押及发还等，则是另外一个关键课题。

综上，无论就强化没收法制之实效或保护被害人之观点，没收前置阶段之扣押及发还，有其独立研究之意义及价值。特别是在跨境犯罪盛行、犯罪财产移转迅速及台湾地区使用他人名义经营商号或投资理财仍较普遍

① “损害回复”中的“回复”一词，在我国大陆的同义法律术语为“恢复”。——编者注

的现况下，传统扣押等法制可否扩及债权？如何在打击犯罪与保障财产权及保护当事人正当法律程序间取得权衡等，均有就学理解释、实务判决等深入研究之迫切性及重要性。

第二节　基本构想

笔者构思本书的基本思维是：最近20余年来，由于各种形式的跨境犯罪盛行，连带扩大各国毒品、组织、贪污、洗钱等犯罪的规模与利得，故如何有效剥夺其之犯罪所得，则成为打击该犯罪（动机）、致力损害回复及建立健全规范意识等特别预防及积极性一般预防的重点。对此，从比较法的观点，台湾地区实体没收法制，已有一些质量颇佳之研究，然无论是在解释论、立法论及适用论，多止于学说论述，似乎对实务运作或需求，贡献较为有限。因此，近年来笔者忝为“法务部”查扣犯罪所得法令研修小组委员之一，在每月定期系列主题式的讨论会议中，深觉没收实体法制定性的困难，短时间全面改革似乎难以形成共识；且不应因此而拖累没收程序法制的改革。特别是在落实没收实体法制时，财产权的保障及正当法律程序原则的恪守，均是刻不容缓的核心课题。基此，本书尝试在广度（第二至三章）及深度（第四至八章）上，希望能够有助于缓和及辨证下列争议：（1）没收实体及程序法制的发展趋势及互补关系的演变如何？（2）台湾地区防制洗钱及诈欺犯罪的财产扣押、一般扣押及发还扣押物之性质、要件及作用为何？（3）台湾地区案例有关扣押执行及扣押物发还的现况及争点为何？（4）如何厘清对金融账户之冻结、扣押及禁止处分？（5）针对被告以外第三人合理怀疑为虚伪债权或人头账户之财产时，如何在（被告的）没收裁判时，确保其诉讼、防御及辩解的权利？旨在提供促进扣押时（实）效之刍议，期盼能抛砖引玉，作为更多学者、专家后续再深入研究之基础。

第三节　研究课题与比较方法

本书主要采用文献分析与比较研究法。亦即，以台湾地区文献及法制实施现况为核心，在相关文献较为有限的情况下，则本于刑事法制较易整合性及较高适用性的观点，优先参酌日本及德国的相关文献，俾利于比较及分析。此与本书论述架构在广度上，先引用多国文献，探讨发展趋势，再渐次以大陆法系日、德文献，凸显我国台湾地区扣押及发还等程序法制之缺失，最后在深度的焦点问题上，为避免问题过度复杂，则多以没收法制与我国台湾地区最接近之日文文献为主，以便厘清概念及评析问题，并提供可供我国台湾地区改善核心问题之刍议。本书主要研究课题依序为：

1. 以探讨“没收洗钱犯罪所得的实体与程序”为出发点，分析如何结合实体与程序，以达适切没收洗钱犯罪所得之目的。

2. 从利于损害回复及没收之观点，针对我国台湾地区近年来受害规模及人数遽增之（集团）诈欺犯罪及洗钱犯罪为例，剖析“刑事诉讼法”扣押及“洗钱防制法”（刑事特别法）或“银行法”（行政法）禁止处分之适用客体（范围）、主体、要件及救济措施等问题。

3. 从新近我国台湾地区扣押债券及存款账户之事件为例，分析实务上发还扣押债票、存款债权之实体与程序要件、扣押必要性及留存必要性之区分及判断基准问题。

4. 从国际公约之考察，厘清我国台湾地区对金融账户强制处分之性质、作用及其在解释论、立法论之问题。

5. 在第三人涉及刑案之程度，已足以初步怀疑为非善意第三人时，探讨如何确保其诉讼权益及避免合法财产损失之问题；并附带分析我国台湾地区建构缺席审判制度之必要性及合理性等。

第二章

没收洗钱犯罪所得之实体与程序

第一节 前 言

“洗钱防制法”（以下称本法）揭橥[①]的立法目的，即在“防制洗钱，追查重大犯罪”。故如何防止行为人将“肮脏钱”（犯罪所得的金钱或财产）清洗（名义、实质所有人的改变）为（形式上或名义上）“干净钱”（不论有形或无形财产）的过程或行为[②]；以及提供司法侦查机关藉由“以钱找人”发掘追查重大犯罪（洗钱罪前置犯罪）的线索，应是立法者制定本法的主要作用。故如何藉洗钱行为的犯罪化，让民众及犯罪侦查人员普遍了解洗钱者在处置（Placement）、多层化（Layering）及整合（Integration）三阶段[③]交错运用的多元及复杂性[④]，避免涉入及扩大侦查，应是防制洗钱最基本的重要工作。日后，洗钱行为若随着犯罪案例的快速增加及犯罪受害规模的不断扩大，必定会促成钱（犯罪所得）、权（贪腐等权贵犯罪）与拳（暴力、地下经济等集团犯罪）的互利共生，严重侵蚀、威胁到国家在经济、政治、司法等的核心作用，而此正是洗钱犯罪真正危险性之所在。故针对当前台湾地区防制洗钱犯罪、贪污犯罪、经济犯罪、组织犯罪、毒品犯罪乃至于近乎全民深受其害的集团诈骗活动等，如何构思能与国际接轨的实体没收规定及整合台湾地区执行没收的程序法制，进而更“适切”没收犯罪所得，确立“犯罪无利可图”的法规范及法意识，应是目前藉由没收犯罪所得的对症疗法（治标做法），渐次导向全民建构防制洗钱犯罪网络等治本做法的当务之急。因此，本章将从分析当前没收

---

① 即“揭示”。——编者注

② 李杰清，洗钱防制的课题与展望，“法务部”调查局，2006年2月，页1、7。

③ 此为多数中、外文献通称的洗钱方法。蔡虔霖，“洗钱防制法”之实用权益，永然文化，1997年9月，页1-43；Trevor Millington，Mark Sutherland Williams，The proceeds of crime：The Law and Practice of Restraint，Confiscation，and Forfeiture，Oxford University Press，2003，p. 533 - 534；Petra Hoyer，Joachim Klos，Regelungen zur Bekämpfung der Geldwäsche und ihr Anwändung in der Praxis，E. Schmidt，2. Aufl.，1998 S. 9 ff.；Kai Bongard，Wirtschaftsfaktor Geldwäsche：Analyse und Bekämpfung，Dt. Univ.，2001，S. 80 ff.

④ 针对通称的洗钱方法，笔者认为：（1）处置阶段有时是不需要的；（2）洗钱者的犯罪所得也未必均会投入金融体系；（3）多层化阶段及整合阶段有时可以并存；（4）整合阶段未必是必定存在。故认为洗钱行为应可依清除“原（财）物”特性及掩饰、隐匿加工行为之程度，区分为两个阶段。李杰清，洗钱防制的课题与展望，“法务部”调查局，2006年2月，页12-15。

洗钱犯罪所得的理论与实务为出发点；并进一步以比较法的观点，探讨主要先进国家没收洗钱犯罪所得在实体法及程序法等课题，概略性地从刑事立法政策的观点，归结出强化适切没收洗钱犯罪所得的刍议，裨益于能抛砖引玉供学术及实务单位的参考。

第二节 没收洗钱犯罪所得之理论与实务

一、“刑法”总则之没收

（一）没收物及没收方式

依“刑法”第38条之规定，没收物原则上为：（1）违禁物；（2）供犯罪所用或犯罪预备之物；（3）因犯罪所生[①]或所得之物。对于违禁物，不问属于犯罪行为人与否，没收之。对于供犯罪所用或犯罪预备之物；或因犯罪所生或所得之物，在仅属于犯罪行为人时，得没收之。但若有其他特别规定者，依其规定。故依传统刑法解释及实务判决可归结出：（1）没收不仅以“物”为原则，而且只限于“原物”；（2）对于违禁物，不论该物之归属、存灭，一律义务（强制）没收之，深具保安处分的色彩；（3）对于犯罪所用或犯罪预备之物或因犯罪所生或所得之物，在无其他特别规定，且仅属于犯罪行为人时，方得任意（职权）没收之。

（二）专科没收及单独没收

“刑法”第39条对免除其刑者[②]，设有得专科没收之规定。“刑法”第40条规定，“没收，除有特别规定者外，于裁判时并宣告之。违禁物或专科没收之物得单独宣告没收”。故台湾地区的专科没收规定仅限于依法应或得“免除其刑者”，不包括“缓刑”[③]、“免诉”[④]等已有确定判决或无

---

① 犯罪所生之物，为新增的规定，系指因犯罪之结果产生之物。例如：被伪造之文书。

② 依法应免除其刑者有：“刑法”第288条第3项因疾病或其他防止生命上危险之必要，而犯堕胎罪者。其余如“刑法”第23条对防卫行为过当者；第24条第1项对避难行为过当者，得减轻或免除其刑。

③ 参阅大法官释字第45号解释。

④ 依据“刑事诉讼法”第302条之规定，案件有下列情形之一者，应谕知免诉之判决：（1）曾经判决确定者；（2）时效已完成者；（3）曾经大赦者；（4）犯罪后之法律已废止其刑罚者。

法起诉、判决者在内[①]。且除“免除其刑者”外，单独（声请[②]）没收的客体通常仅限于违禁物。故对于判决前检察官依“刑事诉讼法”第259条之1规定，“不起诉”或“缓起诉”者之供犯罪所用、预备之物或因犯罪所得[③]之物，以属于被告者为限，得单独声请法院宣告没收。但若该单独没收宣告后偶有查扣之供犯罪所得之物，在无善意第三人主张其权利时，依法是否可由检察官再声请及由法院再宣告（该非违禁物之）单独没收？法律似无明文规定，究应如何处理，极易滋生弊端而遭物议。

（三）增订从刑的种类

在传统上我国台湾地区“刑法”第34条的从刑（附加刑）只有褫夺公权及没收。2006年7月施行的“刑法”为配合“刑法”分则及特别“刑法”的相关规定，参照德国及日本立法例之类似规定[④]，增设追征、追缴或抵偿为从刑。并基于强制处分之法律保留原则及从刑应附随于主刑之考量，增订“刑法”第40条之1，规定“法律有规定追征、追缴或抵偿者，于裁判时并宣告之。”对此，较易被质疑的是：德国及日本之立法例确有类似我国台湾地区追征、追缴或抵偿之规定，但不论其之形式及实质都不是从刑。其次，我国台湾地区“刑法”对追征、追缴或抵偿的用语，并无明确的定义[⑤]；彼此之间的替代（顺位）或相互关系亦非明确，故对应没收物的全部或一部不能没收时，为何能以同为从刑之“追征”去追征该应没收物之价额[⑥]？又同理“追征”不能时是否仍然可以“追缴”或

---

① 参阅傅美惠，论没收— 刑法修正草案“没收”规范评析，中正法学集刊，17期，2004年10月，页220。

② “声请”一词，在我国大陆的同义法律术语为“申请”。——编者注

③ “犯罪所得之没收在现行法底下基本上就只能被理解为刑罚，‘刑事诉讼法’第259条之1的规定，只是局部缓和其刑罚性质。”薛智仁，没收之定位与从属性（上）—“最高法院”相关裁判综合评释，台湾本土法学杂志，98期，2007年9月，页30。

④ 曾淑瑜，图解知识六法 — 刑法总则编，新学林，2007年1月，页221。

⑤ 论者有谓：追征、追缴或抵偿是同一概念的不同用语，或是在实际操作上的作用关系有所差异而已，都是对于因犯罪所得的利益剥夺，故重要的应该是，适用类型、对象、范围的阐明。2005年修法时，仅做类型（第38条第3款）及宣告（第40条之1）之简单规定，遂使得追征、追缴或抵偿的概念，依旧相当模糊。柯耀程，没收、追征、追缴与抵偿制度之运用与检讨，法令月刊，59卷6期，2008年6月，页837-838。

⑥ “刑法”分则（第121条第2项不违背职务之收贿罪、第122条第4项违背职务受贿“行贿”罪、第131条第2项公务员图利罪及第143条第2项投票受贿罪）与特别“刑法”虽有追征之规定，但在现行“刑法”修正之前，“刑法”总则并无追征之规定。追征在学理（性质）上并非从刑（附加刑），被视为代替没收之处分。现行“刑法”总则将其视为从刑，性质上已等同原有之没收，其与其他新增之追缴或抵偿，彼此之间是否有替代关系及其顺位如何等，均有商榷之余地。

“抵偿”他物或其他财产利益等？均有待厘清。

二、“刑法”分则及特别“刑法”之没收

（一）“刑法”分则的没收规定

“刑法”第121条第2项不违背职务之受贿罪及第122条第4项违背职务受贿罪及行贿罪之后段均明文规定“所收受之贿赂没收之。如全部或一部不能没收时，追征其价额”。其中，没收在法律性质上的意义有：（1）形式上都为义务没收的规定；（2）不限于原（应没收）物，扩及有形或无形的财产利益；（3）在全部无法没收时，允许部分没收；（4）确立追征为不能没收时的代替从刑[①]。

（二）特别“刑法”的没收规定

特别“刑法”的没收规定，基本上可参酌“贪污治罪条例”第10条，规定“犯第4条至第6条之罪者，其所得财物，应予追缴，并依其情节分别没收或发还被害人。前项财物之全部或一部无法追缴时，应追征其价额，或以其财产抵偿之。为保全前二项财物之追缴、价额之追征或财产之抵偿，必要时得酌量扣押其财产。”其中，没收在法律性质上的意义有：（1）贪污所得“财物”的用语，未与“财产上利益”并列，应可依“刑法”第266条普通赌博罪对“财物”之解释，将其范围扩大至“包括金钱、有经济价值之物以及财产上之利益。”[②]（2）贪污所得财物应予追缴，并依其情节分别没收或发还被害人。故追缴在法律上应有回复公务机关损害的性质[③]，如此才有可能依其情节再分别没收或发还（其他的）被害人。（3）贪污所得财物之全部或一部无法追缴时，应追征其价额，或以其财产抵偿之。由于追缴着重于“原（财）物”的特性与“刑法”总则的没收相同，故全部或一部无法追缴时，已不可能没收，仅能以该应追缴物之价额追征之，或以其他财物之财产抵偿之。如此解释有其论理的逻辑，益证追缴客体具有公款性质[④]，而追缴本身亦有直接回复损害的特性。（4）为

---

① 我国台湾地区没收规定多继受于日本，日本追征的性质为没收的代替处分。因此，由于“刑法”第34条第3款将其规定为从刑，故在解释上只能称为代替既有从刑没收的另一种从刑。

② 林山田，刑法各罪论（下），1999年9月，台大法学院图书部，页542。

③ 参阅台湾高等法院2006年度上更字第857号判决。

④ 参阅“追缴赃款，以属于公有者为限。”“司法院”院字第2024号解释；台湾高等法院台南分院2005年度上更字第404号判决；“福建高等法院金门分院”2001年度上诉字第5号判决。

利于贪污财物之追缴、追征或财产之抵偿，增订必要时得酌量扣押其财产之保全命令。

此外，“贪污治罪条例”以外的其他特别“刑法”的没收规定，尚具有下列特色：在剥夺供犯罪所用之交通工具方面，特别“刑法”的“毒品危害防制条例”第19条第3项，对供应犯制造、运输、贩卖各级毒品罪者所使用之水、陆、空交通工具采义务没收之规定。惟在法理解释上，仍应以专供犯罪使用为限，否则有侵犯财产权或形成严苛刑罚之虞。在转换举证责任方面，为达到彻底剥夺发起、主持、操纵或指挥犯罪组织者之犯罪所得，“组织犯罪防制条例”第7条第2项仅对该特定犯罪者，参加组织后取得之财产，未能证明合法来源者，除应发还被害人者外，应予追缴、没收。如全部或一部不能没收者，追征其价额。如此转换举证责任的立法，除与“刑事诉讼法”第161条“检察官就被告犯罪事实，应负举证责任，并指出证明之方法”有所不符外，亦可能侵犯被告之缄默权、违反无罪推定或罪疑唯轻等“刑事诉讼法”之基本原则。故应有在程序法上从前提与推定事实之合理性、举证责任转换（提出反证）之容易性与妥当性深入探讨之余地[①]。同时，在该法施行10余年后，更有充分检讨该条文适用情况及没收犯罪所得成效之必要。

三、“洗钱防制法”没收犯罪所得之特色

（一）实体法方面

1. 行为客体

本法第4条所称之行为客体为“因犯罪所得财物或财产上利益”，包括因犯罪直接取得之财物或财产上利益、因犯罪取得之报酬、因前二款所列者变得之物或财产上利益。但第三人善意取得者，不在此限。其中“财物”与“财产上利益”并列，在解释上“财物”之意应与“刑法”上财产犯罪所称之“物”相当[②]，即原则上需要有财产价值之物，而没有财产

---

① 参阅李杰清，“组织犯罪防制条例”剥夺不法利益规定之检讨，刑事法杂志，42卷4期，1998年8月，页73－76。

② 此种说法之所以成立，乃由于“刑法”财产犯内之用语“物”，多有“财物”之意。例如：“刑法”第335条普通侵占罪或第339条普通诈欺罪。林山田，刑法各罪论（上），台大法学院图书部，2006年10月，页414；江朝圣，我国台湾地区洗钱防制体系之评估与建议，中兴大学法律研究所硕士论文，1998年6月，页106。

价值之物，应不为本法之行为客体。至于“财产上利益”则可解释为“（财）物”以外，具有经济上的一切价值之利益等。又“变得”在理论上虽可解释为包括一切自（财）物、利益或报酬等“形变与质变所生[①]”之物或财产上利益。但为避免“变得”作用之无限扩大，仍应将其限缩于与原物具有经济上或法律上关系之财物或财产上利益较为妥适。

2. 行为客体与前行为重大犯罪所得之关联

前行为之“重大犯罪”与行为客体“财物或财产上利益”必须要有原因上之关联[②]（ursächlicher Zusammenhang）。而此关联性可以以水平关系之“人”及垂直关系之“物”分别论述。前者（人之水平关系）系指一物在多人间移转，只要当中不存在善意之第三者，则该物源自于重大犯罪之污染（违法）性始终存在，较无争议。因为“宪法”、“刑法”对于善意第三者之财产权必须予以保障。后者（物之垂直关系）乃指凡“基于”或“起源于”重大犯罪之财物或财产上利益，理论上均具有污染性。故为避免洗钱犯罪所得“污染性”的无限扩大，应有限定阻绝其“污染性”之明文规定[③]或比例原则等之适用。特别是针对混合财物的没收等之执行。

3. 义务没收

本法“不问属于犯人与否，没收之”的用语并不存在于多数特别“刑法”（如“贪污治罪条例”、“组织犯罪防制条例”）对违法犯罪所得义务没收的规定。但却与“刑法”对于伪（变）造物、猥亵物、毒品、赌具或窃录物等违禁物的没收规定相同，隐含立法者似乎将本法没收客体的一切犯罪所得均视为等同违禁物，而欲将其彻底没收之意图。然较特殊的是：本法欲贯彻彻底没收之前，与组织犯罪相同，必须先“发还被害人”之外，另增加“第三人者”的合法财产。足见，本法义务没收的客体牵涉太广，虽然在用语上采欲贯彻彻底没收的“不论属于犯人与否”的立法方式，但在实际执行时，仍应例外优先排除被害人或善意第三人的合法

---

① 林山田，刑法各罪论（上），台大法学院图书馆，2006 年 10 月，页 476。

② Carsten Leip, Der Straftatbestand der Geldwäsche: zur Auslegung des § 261 StGB, Arno Spitz, 1995, S. 98 ff.

③ 例如：日本剥夺组织犯罪所得法（日文全名为：组织的な犯罪の处罚及び犯罪收益の规制等に关する法律。此简称为：剥夺组织犯罪所得法）第 11 条，即设有明文排除特定收受犯罪所得行为污染性之规定，详细内容参阅金融机关マネロン对策研究会，マネー・ローンダリング对策ハンドブック，金融财政事情研究会，2000 年 4 月，页 118。

财产。

在执行没收的基准方面[①]，检察官依法院判决执行没收时，若非单纯的物件，而系价值变动颇大的新股认购权利证书或公司股票（债券）等物件时，究应采取得时说；抑或裁判时说等，仍未有定论。例如，从本法第14条第1项后段“全部或一部不能没收时”之用语得知，若扣押物属于非共犯的多人所有，且财产价值可个别区分时，应可执行部分没收。惟该部分没收应何时执行？是否须征得所有共同所有人的同意？特别是攸关被害人巨额财产利益增减时，仍须有进一步立法规范的必要。其次，依“刑事诉讼法”第142条第2项规定，检察官因所有人请求，得将暂行发还之债券责付所有人保管，若该债券日后被法院谕知没收时，在保管期间内有巨额财产利益增减时[②]，是否须连同利得一并没收或应令所有人负赔偿责任？亦非无疑。故基于刑法的谦抑性及国家不能藉刑罚权的行使而获利，也不能使仍具刑罚属性的没收等成为严苛刑罚的考量，应有制定明确规定的必要。另基于本法的立法目的，本法执行没收的基准，个人以为只要将本法的前置犯罪限缩于少数较易产生犯罪所得的特定犯罪（毒品犯罪、走私犯罪、贪污犯罪），且被告确有实质犯罪所得足以负担，不会成为严苛刑罚时，本于适切剥夺犯罪所得的考量，应由刑事政策抉择后建构无须扣除犯罪成本[③]的相关法制及执行上兼顾比例原则（特别是符合没收、追征的均衡原则或情势适当原则）的配套措施（替代方法）。

4. 追征、抵偿

在传统上“刑法”分则的追征规定，多为立法者欲贯彻剥夺渎职罪或妨害投票罪（贿赂）等不法所得之意旨。故其前提条件为应没收物或利益“全部或一部不能没收”时，方能针对应没收物或利益的价额采取的代替措施。此与特别“刑法”的追征规定亦相同。至于抵偿的规定，通常在

① 有关执行没收、追征或抵偿基准的问题，原则上应属程序上的问题，但基于本书论述的一贯性及探究没收等实效性的整体考量，在此一并讨论之。

② 参阅台湾“最高法院”2004年度台上字第3199号判决；台湾“最高法院”2005年度台上字第4010号判决。

③ 参阅台湾“最高法院”2003年度台上字第4701号判决；台湾“最高法院”2004年度台上字第3199号判决；台湾“最高法院”2005年度台上字第4010号判决；台湾“最高法院”2007年度台上字第2453号判决；参阅吴天云，论没收犯罪所得应否扣除成本，月旦法学杂志，129期，2006年2月，页108以下；柯耀程，没收、追征、追缴与抵偿制度之运用与检讨，法令月刊，59卷6期，2008年6月，页852－853；古承宗，财产刑作为“剥夺不法利益”之手段—两岸（财产）刑罚制度比较，军法专刊，55卷4期，2009年8月，页134。

“追征其价额”之后与“或以其财产抵偿之”的择一选项出现。故就文义、论理或目的解释，应可视其为没收不能的代替措施。惟就用语出现的先后或执行代替没收时的逻辑顺序观之，不能没收时，先追征其价额；若被告无法缴交相当于应没收物或利益的金钱等利益时，方能采以强制执行的方式，将其财产抵偿之。对此，“刑法”第34条第3款为避免“刑法”总则的没收规定缺乏实效及“刑法”分则追征的目的在于将犯罪所得收归政府所有，故基于法律保留之原则，被认为应以法律明定之[①]。惟法律并未将其制定为彻底剥夺犯罪所得的保安处分，反而将其明定为具有刑罚色彩的“从刑”。因此，基于从刑为刑罚之一的观点，必须以行为责任为依归，并对其兼具彻底剥夺犯罪所得的保安处分色彩有所制约，故理论上似不宜规定为刑罚。特别是在现行“刑法”制定前的解释论上，学说对追征普遍已有代替处分的认知，舍弃不用，明定为从刑，绝非妥适。

在执行追征、抵偿的基准方面，由于台湾地区法院宣告的判决主文[②]，除非是具有足以推论的犯罪所得（含现金），将其宣告没收外，通常多在明文应没收物之后，谕知“全部或一部不能没收，追征其价额或以其财产抵偿之”等语，并未实际论定应没收物之追征价额或应以其他财产抵偿之价额。故检察官依“刑事诉讼法”第470条第1项，执行追征或抵偿之裁判时，并无明确可供其遵循的价额。特别是针对巨额且短时间内变动颇大的洗钱犯罪所得时，究应采学界及实务界通说的“裁判时说”[③]，抑或少数学者主张的“取得时说”[④]、“没收不能时说”[⑤]及“利益剥夺说”[⑥]，实有

---

① 陈子平，刑法总论（下），元照，2006年2月，页303。

② 参阅台湾高等法院2007年度上更字第528号判决。

③ 学者及实务之见解多为“裁判时说”。“司法院”院解字第3895号解释；洪福增，刑法之理论与实践，五南，1988年6月，页462；高仰止，刑法总论，五南，1980年5月，页504；台湾高等法院1998年度上更字第489号判决。

④ 又称为“收受时说”。蔡墩铭，刑法总论，三民，2009年9月，页328。日本实务界认为应追征财产在取得之后至裁判之时常有增减情形，“裁判时说”、“没收不能时说”的金额如何计算已有困难，且会影响法律之安定性，故以“取得时说”为通说。井上弘通、西田时弘，没收保全及び追征保全に关する实务上の诸问题，法曹会，2004年4月，页19－20。

⑤ 日本学界则以“裁判时说”、“没收不能时说”较受支持。三浦守、松井孝二、八泽健三郎、加藤俊治，组织的犯罪对策关连三法の解说，法曹时报，52卷7号，2000年7月，页65；中山研一，概说刑法Ⅱ，成文堂，1991年3月，页275。

⑥ 此说主张追征价额的算定基准，应针对犯罪行为人取得该物时之价值及之后所衍生之一切利益，在可能的范围内予以剥夺之见解。李杰清，洗钱防制的课题与展望，“法务部”调查局，2006年2月，页95。

深入探究之余地。对此，论者就剥夺洗钱犯罪所得之立场，认为上述四说均有其缺失，但基于本法及“追征”、“抵偿”择一选项的立法意旨，应在避免严苛刑罚及在可掌控犯罪所得的范围内，采取能够尽量剥夺犯罪所得的“利益剥夺说”为宜。另鉴于洗钱犯罪等没收客体日益多元、复杂，且根据“刑事诉讼法”第470条第3项之规定，没收、追征及抵偿亦得就受刑人之遗产执行，故明定追征、抵偿等之价额，以利执行的法制及程序应有及早确立之迫切性。同时，为因应洗钱犯罪所得的多样化及洗钱行为的复杂性，检察官虽可依据“刑事诉讼法”第471条第2项，于必要时，得嘱托地方法院民事执行处为之。但该“必要时”如何确立？是否应该先配属专门执行的人力、物力后再论断是否非能力所及之“必要时”？同时，法院是否也应制定相关的审查机制以资因应，均有参考其他国家做法的合理性及必要性。

（二）程序法方面

1. 无追缴及转换举证责任的规定

本法第14条第1项对犯洗钱罪者，“其因犯罪所得财物或财产上利益，除应发还被害人或第三人者外，不问属于犯人与否，没收之。如全部或一部不能没收时，追征其价额或以其财产抵偿之”。相较于“贪污治罪条例”或“组织犯罪防制条例”的规定，明显察知本法并无从刑追缴的规定。理由可能系立法的疏漏，或考量追征在损害回复的作用，不明列追缴，而以发还被害人或善意第三人为优先，事实上即等同回复被害人或善意第三人之损害；亦可能系考量修法前对追缴传统性质的认知，着重于原（财）物的本身，较不适用于多经掩饰、隐匿等加工过的犯罪所得财物或财产上利益。其次，本法与在其后2个月所制定“组织犯罪防制条例”的转换举证责任，均属同时期的立法。但由于在立法上洗钱罪采取与前置重大犯罪相连结的关系，涉及到较多元、广泛源自前置犯罪所得的利益，无法轻易转换举证责任，故本法亦无类似规定。

2. 强化执行没收的禁止处分及审核机制

法院在宣告没收时，对于犯罪所得的应没收物，虽不必以业经扣押为限，但由于洗钱犯罪所得的金钱或金融债权等之移转瞬息万变，故有必要采取类似民事假扣押的保全措施。因此，本法第9条第1项明定“检察官于侦查中，有事实足认被告利用账户、汇款、通货或其他支付工具从事洗钱者，得声请该管法院指定6个月以内之期间，对该笔洗钱交易之财产为禁止提款、转账、付款、交付、转让或其他相关处分之命令。其情况急迫，有相当理由足认非立即为上开命令，不能保全得没收之财产或证据者，检察官得迳命执行之。但应于执行后3日内，声请法院补发命令”。并于第9条第2项及第5项明定“法院如不于3日内补发或检察官未于执行后3日内声请法院补发命令者，应即停止执行”及“指定期间如有继续延长之必要者，检察官应检附具体理由，至迟于期间届满之前5日声请该管法院裁定。但延长期间不得逾6个月，并以延长一次为限”。等审核机制及延长时间、次数的限制。对此，(1) 禁止处分客体不包括其他具有财产价值之财物（汽车、不动产）或财产上利益（债权、地上权、抵押权等），过于狭隘；(2) 禁止处分的客体应该为“该笔洗钱交易之财产”，但实务做法经常是禁止整本账户的提款、转账等，有因便宜行事而侵犯当事人财产自由处分权之虞；(3) 当前警察机关为因应层出不穷多样性的诈欺手法，经常以“银行法”第45条之2第3项为法源制定的“银行对疑似不法或显属异常交易之存款账户管理办法”，将涉嫌账户列为警示账户，进而达到至少5年内冻结该账户全部交易的功能，极为简便且无类似本法禁止处分的审核机制，日后不仅容易被滥用，更有架空本法禁止处分的附带作用；(4) 禁止处分为起诉前对犯罪嫌疑人财产权之限制，适用时必须格外慎重。因此，确实针对没收保全的性质及可能影响没收等刑罚执行的具体情况，审慎考量没收保全所具之紧急性、合理性、必要性及该冻结财产对该财产所有人之有形、无形损害，不宜多以6个月为限，似可依该账户主要用途区分为：(1) 与经营事业、个人薪资或日常生活支出密切相关之账户；(2) 一般用途使用之账户；(3) 非正常使用之账户，分别明定合理期限，至于其他复杂个案依其性质最多延长至以6个月或1年为限。此时，检察署等侦查机关应该改善的是，如何强化相关调查的人力、物力，必要时应以项目或任务编组的方式全力以赴、迅速处理。否则，由于类似案件的不断增加，或跨境犯罪财产的追查确属困难时，即使现行法最长1年的时间有时亦可能不够，最后可能对合法财产的当事人造成形象、名（信）誉、财产或经营危机等之过度损失；亦可能使非法财产的当事人争取到宝贵时间，能将未遭禁止处分的其他犯罪所得及时变卖或转移。故法院亦应随着主客观情况之改变及侦查进度的合理进展，慎重审查没收保全所具紧急性、合理性、必要性、最少侵害性之机制。

四、小　结

综上，台港地区“刑法”总则的没收规定，不论是违禁物或供犯罪所用、预备、所生或所得之物均限于“原物”，已不符现代经济、社会生活之所需。专科及单独没收亦多有以违禁物为主之特定前提，难以普遍适用。“刑法”分则及本法以外特别“刑法”的没收规定虽与本法有所差异。但相较之下，本法没收的规定，在实体法方面扩及所有源自于犯罪所得之财物或财产上利益；在程序法方面则具有无追缴及转换举证责任的规定、强化执行没收的禁止处分及审核机制等特色。

第三节　国际没收实体法之考察

一、美国 RICO 法之没收规定

（一）没收方式

美国 RICO 法（the Racketeer Influenced Corrupt Organizations Act，RICO）的最大创举，是在联邦层次的法律中，再次引进原先曾被搁置的刑事没收。其主要的没收方式有：收益没收（proceeds forfeiture）及事业[①]没收（enterprise forfeiture）。前者，主要在藉剥夺违法活动的犯罪所得，达到回复原状的目的。后者，系以剥夺相关企业之被告所拥有的一切利益，达到根绝该非法企业或阻绝其对合法企业的影响力[②]。故举凡违反该法者设立、经营、管理之企业或该企业活动所参加之业务上所保有一切的利益、证券、请求权及财产（或契约）上的权益，均为事业没收的客体[③]，容易成为严苛刑罚或被讥为与民争利[④]的作为。

---

① 此“事业”意义，不仅泛指一般私人企业，尚包括工会组织、国家机构、犯罪组织及犯罪集团等。堤和通，刑事没收（Criminal Forfeiture）の必要性—アメリカ合众国の现行制度との比较检讨，渥美东洋编，组织・企业犯罪を考える，中央大学，1998 年 3 月，页 23。

② 堤和通，刑事没收（Criminal Forfeiture）の必要性—アメリカ合众国の现行制度との比较检讨，渥美东洋编，组织・企业犯罪を考える，中央大学，1998 年 3 月，页 15。

③ 堤和通，刑事没收（Criminal Forfeiture）の必要性—アメリカ合众国の现行制度との比较检讨，渥美东洋编，组织・企业犯罪を考える，中央大学，1998 年 3 月，页 16。

④ 特别是该没收所得的利益，若为一般政府机构所分享或直接供执法机构所用时，更难免被质疑与民争利而影响形象。

（二）以民事没收为主的发展趋势

RICO 法没收的目的不仅在于民事上的回复原状，更在刑事上的遏止犯罪及社会防卫。特别是，事业没收在执行之际，虽企图没收与被告或其企业有所关联的一切财产，然在执行上如何确保被告（违法行为）与被事业没收财产的均衡，使其不沦为严苛刑罚或影响被告诉讼权益等问题亟待克服①。另美国目前大约有 200 多部法律有没收规定，其中多数与毒品、洗钱、组织及诈欺犯罪相关，其在恢复刑事没收的基础上，也都继受了传统的民事没收②。但由于刑事没收对程序正义、证据认定或因果关系的关联性等，通常较为严谨，不若民事没收的宽松、简便，故初期民事没收已有凌驾刑事没收的趋势。且随着 2000 年美国通过民事没收改革法（Civil Asset Forfeiture Reform Act 2000）及 2001 年通过爱国者法（The USA Patriot Act 2001）将民事没收的程序延伸到反恐法令，并增加没收海外资产的强度，除说明刑事没收有被空洞化之虞外，也说明日后再强化刑事没收的结果，也有可能导致再次修正宪法有关没收、追征的均衡原则或双重处罚等的问题③。

二、英国剥夺刑事犯罪所得之规定

（一）充公命令（forfeiture）、返还命令（restitution）与没收命令（confiscation）的差异

英国的充公命令与返还命令有所不同。前者，充公命令的客体主要为特定的赃物或犯罪工具。藉由充公命令的发布，该特定物的所有权移转给国家，法律效果与我国台湾地区传统没收将应没收物的所有权收归政府所有相类似。后者，返还命令系被告所犯为赃物罪，且该赃物的所有权明确时，法院在下列情况下，可发布返还命令：（1）被告持有赃物时；（2）第

① 堤和通，刑事没收（Criminal Forfeiture）の必要性—アメリカ合众国の现行制度との比较检讨，渥美东洋编，组织・企业犯罪を考える，中央大学，1998 年 3 月，页 31 – 32。

② 何帆，刑事没收研究—国际法与比较法的视角，法律，2007 年 3 月，页 35。

③ 参阅田村泰俊，非刑事没收・追征と合众国宪法第 8 修正の适用—2000 年法改正と Bajakajian 判决の分析，法学新报，110 卷 7・8 号，2003 年 11 月，页 261 – 262；田村泰俊，非刑事没收・追征と合众国宪法第 5 修正“二重の危险”—最近の合众国宪法最高裁判所判例理论とその分析，渥美东洋编，组织・企业犯罪を考える，中央大学，1998 年 3 月，页 166 – 168；M. Michelle Gallant, Money Laundering and the Proceeds of Crime: Economic Crime and Civil Remedies, Edward Elgar, 2005, p. 96 – 104.

三人持有赃物时；（3）被告非法使用赃物获利时[①]。另在概念上与充公命令极易混淆的是没收命令，乃自犯人所有的财产中，强制取得与其犯罪所得相当的价额，目的在使该财产不能为该犯行或促进他犯行所用，具有下列特性：不以有罪判决为前提；预防犯罪；附加制裁或处罚[②]。又在取得权益的区分上，充公命令执行后，国家取得充公物（财产）的所有权；没收命令执行后，国家对被告取得相当于犯罪所得的债权，故国家为履行该债权，得针对犯人所有的任何财产强制执行[③]。

（二）霍奇森委员会（the Hodgson Committee）与2002年犯罪收益法（the Proceeds of Crime Act 2002）

过去英国充公命令最著名的争议为1981年发生的卡斯伯特森（Cuthbertson）案[④]。法院虽然依法将任何与该类犯罪相关联的物品充公，也获得上诉法院的支持，但上议院却以下列理由驳回该案：国会并未立法授权法院没收被告所有与毒品犯罪有关的全部财产；充公没收的范围应限定于与犯罪密切关联的有形资产[⑤]。例如，运输毒品的交通工具、制造毒品的机器及贩售毒品的现金。因此，当时在英国政府邀约下，以霍奇森爵士为首的委员会于1984年公布“犯罪所得及其追索（Profits of Crime and Their Recovery）”的报告，并直接推动制定1986年贩毒法（the Drug Trafficking Offences Act 1986），日益扩大适用没收命令的范围[⑥]。迄至2002年犯罪收益法系以（刑事）没收命令[⑦]、民事追索及行政课税等综合立法方式，剥夺非法所得；并成立独立、专责机构的资产追索局（Assets Recovery Agency），完全听令于内政大臣，负责追索超过1万英镑以上的非法所得[⑧]。

---

① 中野目善则，イギリスにおける没收・追征・弁偿の基础理论—ホヂスン・リポ－トの先驱的提言—，渥美东洋编，组织・企业犯罪を考える，中央大学，1998年3月，页54－55。

② 中野目善则，イギリスにおける没收・追征・弁偿の基础理论—ホヂスン・リポ－トの先驱的提言—，渥美东洋编，组织・企业犯罪を考える，中央大学，1998年3月，页56－58。

③ 中野目善则，イギリスにおける没收・追征・弁偿の基础理论—ホヂスン・リポ－トの先驱的提言—，渥美东洋编，组织・企业犯罪を考える，中央大学，1998年3月，页56；何帆，刑事没收研究—国际法与比较法的视角，法律，2007年3月，页38－39。

④ Peter Alldridge, Money Laundering Law: Forfeiture, Confiscation, Civil Recovery, Criminal Laundering and Taxation of the Proceeds of Crime, Hart Publishing, 2003, p. 74.

⑤ 何帆，刑事没收研究—国际法与比较法的视角，法律，2007年3月，页39。

⑥ Alldridge, ibid., p. 77; Toby Graham, Evan Bell, Nicholas Elliot, Money Laundering, Butterworths Lexis Nexis, 2003, p. 61.

⑦ Gallant, ibid., p. 27.

⑧ 何帆，刑事没收研究—国际法与比较法的视角，法律，2007年3月，页39－40。

三、德国刑法之价额没收与扩大收夺

（一）没收（Einziehung）与价额没收（Einziehung des Werter-satzes）

德国刑法第74条的没收具有决定量刑（strafzumessungsents-cheidung）的作用[①]与台湾地区明确属于刑罚，并兼具保安处分色彩的性质有所不同。其中，与台湾地区最大的差异是：德国没收的客体不仅不限于"原物"，更扩及非台湾地区传统没收客体的权利[②]。但其原则上必须属于犯人（含共犯）之物并兼具一般预防与特别预防的作用，乍看之下与台湾地区没收制度似乎相近，但由于德国刑法总则关于没收的规定计有8条（第74条至第74条f及第75条），除较台湾地区周全、完备外，特定情况下扩及第三人财物的例外没收及类似台湾地区追征的价额没收则与台湾地区没收的概念迥然不同。例如，第74条a对于未实际参与特定犯行（如毒品犯罪）的第三人之物（Gegenstände），若其系以至少重大过失（leichtfertig）的行为利于犯罪物（工具）的取得；或以可被批评的方式取得没收物时，均可视为非善意的第三人，利于没收的执行。此外，第74条c对于判决时已经变卖或使用之应没收物，亦可以其价额为上限对被告直接执行价额没收。若被告无法支付该价额时，通常系以执行罚金刑的方式强制其支付之。

（二）收夺（Verfall）与扩大收夺（Erweiterter Verfall）

根据德国刑法第73条等之规定，适用收夺[③]的一般要件为：行为人必须实施违法行为；行为人实施违法行为的动机或结果，必须获有财产利益。故收夺过去在属性上为一种具有独立性质的处分（Maßnahme），被认为系在某种程度上有限制地平衡被害人权益的处分[④]（quasikondiktionelle

---

① Herbert Tröndle, Strafgesetzbuch und Nebengesetze, C. H. Beck, 54. Aufl., 2007, §74 Rn. 2.

② 参阅德国刑法第74条e第1项或第74条f第1项之规定。

③ 德国刑法第73条及第73条a至73条e之客体多元且复杂，绝非我国台湾地区"追征"、"追缴"或日本"追征"及德国"价额没收"等概念所能涵盖，故为避免误解不宜译为"追征"、"追缴"或"利益没收"，而只能创设一个新名词，至于其内涵则必须由上述法条之内容加以界定。有关德国收夺的中文文献，请参阅吴耀宗，德国刑法追征制度之研究—兼论我国台湾地区现行刑事法制之"追征"相关规定，刑事法杂志，54卷3期，2001年6月，页1－43；吴俊毅，因违法行为所得没收（Verfall）之法律性质—以德国刑法第73条及第73条a－e作出发，2005年洗钱防制工作年报，"法务部"调查局，2006年5月，页60－80。

④ Tröndle, a. a. O. §73 Rn. 2; Albin Eser, Strafgesetzbuch Kommentar, C. H. Beck, 27. Aufl., 2006, §73 Rn. 18；亦有将其翻译为：准不当得利之衡平措施。薛智仁，没收之定位与从属性（上）—"最高法院"相关裁判综合评释，台湾本土法学杂志，98期，2007年9月，页26。

Ausgleichsmaönahme）与我国台湾地区追征为刑罚之一的从刑或德国的价额没收（第 74 条 c）均有所不同。但德国的收夺处分在 1992 年修法时，将原先条文的“财产利益”（Vermögensvorteil）改为中性且不明确用语的“若干”（etwas），迫使其对于犯罪所得的计算亦从过去可扣除必要支出的纯利（Nettoprinzip）计算方式，改为不必扣除必要支出的总利（Bruttoprinzip）计算方式。如此修法的目的虽在彰显收夺处分重在强化剥夺犯人增加的犯罪财产（Vermögenszuwachs），但无形之中亦将收夺处分的属性导向剥夺犯罪所得所具刑罚性格[①]（Strafcharakter）的特性，基于罪责原则之考量，反而不利于其修法目的的实现。特别是 1992 年为加强对抗组织犯罪所增订之第 73 条 d 第 1 项扩大收夺的规定，法院对于明文适用本条之违法行为（不必一定为有责行为）发生时；或由事实情况足可认定该物系为违法行为或其系源自该行为的客体时可收夺之。法院对于非属于正犯或共犯之物（包括物件及债权），只要其行为系为违法行为或源自该行为的犯罪所得，亦可收夺之。该规定虽明文限缩其之适用，但仍被多数学者认为具有类似刑罚的处分[②]；且为转换举证责任的规定，质疑其违反德国宪法第 14 条保障财产权之规定及罪责原则、无罪推定原则[③]。但德国最高法院及联邦宪法法院均一致认为其并非类似刑罚的处分，故不会违反罪责原则及无罪推定原则[④]。

四、日本剥夺组织犯罪所得法之没收、追征

我国台湾地区“刑法”的没收、追征规定大多继受自日本。近年来日本相关规定变动最多的为麻药（毒品）特例法[⑤]及剥夺组织犯罪所得法[⑥]。前者，基本上只限于毒品犯罪所得；后者，由于立法结构的关系，作为有组织形态犯罪的前提犯罪所得不限于毒品，而扩及一定的重大犯罪，甚至

---

① Tröndle, a. a. O. § 73 Rn. 3.

② Michaela A. M. Dannert, Die verfassungsrechtliche Zulässigkeit von Eigentumsentziehungen zur Verfolgung und verhinderung von Straftaten, Duncker & Humblot, 1998, S. 65.

③ Tröndle, a. a. O. § 73d Rn. 4.

④ Tröndle, a. a. O. § 73d Rn. 5.

⑤ 日文全名为：国际的な协力の下に规制药物に系る不正行为を助长する行为等の防止を図るための麻药及び向精神药取缔法等の特例等に关する法律，此简称为麻药特例法。

⑥ 相关中文文献参阅吴天云，日本“有关处罚组织的犯罪及规范犯罪收益的法律”，2004 年洗钱防制工作年报，“法务部”调查局，2005 年 4 月，页 88－120；参阅曾淑瑜，犯罪收益之没收与保全—从日本法之观点探论，月旦法学杂志，144 期，2007 年 5 月，页 67－78。

包括处罚以犯罪所得掌控法人等事业经营为目的的行为。兹概述如次：

（一）扩大没收客体

日本刑法第19条规定的客体通常仅限于动产或不动产的“物”，但其剥夺组织犯罪所得法不仅将没收客体扩至以支付金钱为目的的金钱债权。同时，只要没收客体对价关系的来源能加以确认时，也不限于犯罪所得财产的直接对价。又针对混合财产时，只要对相当于应没收财产的价额或数量能加以确定时即可没收。

（二）强化追征成效

日本刑法第19条之2规定的追征，在性质上为没收的代替处分，唯有不能没收时，方能追征应没收物的价额。但剥夺组织犯罪所得法已将原先没收仅限于有体物或原物之客体扩大至动产、不动产及金钱债权，故在其依该法第13条第1项无法没收时，即可追征之。例如，犯人将应没收物转售给善意第三人或灭失时，即可向该犯人追征该物之价额。同时，若因应没收物一身专属性的权利或权利关系复杂的犯罪财产，不必至不能没收的情况，只要认为没收不相当时，亦可直接追征之[①]。

（三）重视被害人的损害回复

日本在制定剥夺组织犯罪所得法时，由于考量组织犯罪被害人的损害赔偿请求权应优先于没收及追征的宣告，故于该法第13条第1项及第16条第1项明文禁止没收及追征“犯罪被害的财产”。但该法立法之后，组织或洗钱犯罪的被害人，本于不能归责于自己的事由，犹豫是否提出民事赔偿或难以找出适当的赔偿对象时，若依法禁止没收及追征之宣告，将会使犯人仍然可以享有不法所得。因此，日本于2006年增订第13条第3项及第16条第2项，明定法院在下列情况下得没收或追征“犯罪被害的财产”：犯人以有组织的方式犯罪；或以团体之威吓得到、维持或扩大其不正当权益，致使被害人行使损害赔偿请求权或其他请求权被认为困难时；“犯罪被害的财产”之取得、处分或发生原因之事实被掩饰或“犯罪被害的财产”被隐匿时；知情收受“犯罪被害的财产”时。

---

① 山浦亲一，组织的犯罪处罚法による犯罪收益规制の强化，警察公论，55卷6号，2000年6月，页55－56。

五、小　结

从以上对美、英、德、日四国没收相关规定的分析得知，英美法系国家有日渐朝向整合多元民事、刑事或行政没收的趋势。同时，相关专责单位在执行上的人力、物力或配套措施亦日渐充实、完善。惟在执行过程及结果，如何避免双重处罚、严苛刑罚或与民争利等，则有赖更进一步深入、持续的考察。其次，大陆法系的德、日，针对组织、洗钱等重大犯罪的特别法（或规定）中之没收已不再局限于“（原）物”的特性；收夺或追征也已日渐逾越原先欲剥夺增加的犯罪所得或没收代替处分的性质。故如何在保障善意第三人合法财产的同时，平衡被害人对犯罪财产的请求权与立法者欲强化没收等成效之考量，使其符合比例原则及避免成为严苛刑罚等，将是影响没收等实体规定的重要关键。

第四节　国际没收程序法之比较

一、扣押、冻结（禁止处分）与没收保全

联合国于1988年制定禁止非法贩运麻醉药品及精神药物公约[①]（United Nations Convention against Illicit Traffic in Narcotic Drugs and Psychotropic Substances，简称联合国反毒公约），之后的类似公约均有“各缔约国还应制定可能必要的措施，使其主管当局得以识别、追查和冻结或扣押本条第1款[②]所述的收益、财产、工具或任何其他物品，以便最终予以没收”的规定。故在用语上，扣押、冻结（禁止处分）似较重在保全证据的暂时性作用；没收保全则为避免没收无法执行的阶段性措施。但无论是英美法系国家或大陆法系国家，对于扣押、冻结与没收保全的最终目的均在利于确保没收的执行，此应为相当一致的论点。

（一）美　国

美国民事没收的程序不仅先于刑事没收，而且对应没收物亦可采取扣

---

① 公约全文，参阅 http://www.unodc.org/pdf/convention_1988_en.pdf（最终查阅日：2010年7月7日）。

② 联合国反毒公约第5条第1款之规定为：“各缔约国应制定可能必要的措施以便能够没收。”

押等措施。故美国为避免刑事没收确定前，犯罪所得已遭隐匿或移转等使没收判决空洞化的结果。特于1984年修法制定法院发布没收保全的要件为：(1) 列举没收对象财产的起诉书；(2) 起诉书在向法院提出前，国家很有可能对相关财产采取没收措施；惟法院发出保全命令后，若犯罪嫌疑人90日内未被起诉，保全命令就自动失效；(3) 若不及时采取保全措施，刑事没收判决将有无法执行的危险[①]。至于，采取没收保全措施，是否需要开庭审理？冻结被告财产，致使被告无法支付律师费用，是否侵害被告的防御权？美国第二巡回上诉法院认为：涉及律师费的部分应当开庭审理，审理期间被告不仅可以用财产与犯罪无关作为抗辩的理由，也可就自己行为是否构成犯罪提出答辩[②]。

（二）英　国

英国对于判决前刑事被告的财产，除了与犯罪有关之证据外，原则上并无加以限制的权利。惟目前警察可自法院取得冻结（injunction）被告账户或其他财产命令的理由为：由于该财产系被告犯罪所得的财产或被告犯罪所得财产之收益，故暂且将其视为被害人的财产。同时，禁止警察实施与犯罪无关，仅以发现犯罪所得财产为目的的搜查[③]。另英国为改善民事没收及刑事没收有关冻结犯罪财产在程序及作法的差异，曾提案建议冻结命令的主要程序有：(1) 法院主动发布暂时冻结命令的要件为：被告犯罪被起诉的大致证明及预定有可能被宣告科以1万英镑以上的罚金或赔偿（没收）命令时；(2) 高等法院法官通常可基于一方当事人的声请或警察（检察官）之声请，发布财产冻结命令；(3) 声请者只要提出犯罪的大致证明即可，无须在此阶段接受对方的质问。但被告对该命令亦可声请取消或变更，特别是有关生活费或辩护费所需之财产被冻结时，可以其他财产代替之；(4) 财产冻结命令应设定金额的上限。若冻结财产的价额与没收或填补损害赔偿价额失之均衡时，法院可命令被告以提供保证金或其他得

---

① 何帆，刑事没收研究—国际法与比较法的视角，法律，2007年3月，页183。

② United States v. Monsanto, 924 F. 2d 1186 (2d Cir. 1991)，转引自：何帆，刑事没收研究—国际法与比较法的视角，法律，2007年3月，页183。

③ 中野目善则，イギリスにおける没收・追征・弁償の基础理论—ホヂスン・リポ－トの先驱的提言—，渥美东洋编，组织・企业犯罪を考える，中央大学，1998年3月，页59、60。

以保证之方式，取代该命令[①]。

（三）德　国

德国有关于扣押（Beschlagnahme）或假扣押（Arrest）的相关规定主要在于刑事诉讼法第 111 条 b 至第 111 条 p[②]。其中，第 111 条 c 为对“物”的扣押，其之客体包括动产（飞机等）、债权、不动产（土地）及拍卖品。但非为证据所用之应扣押物的当事人，若能缴交相当于应没收物之价额；提出担保或完成特定命令下，在诉讼结束前均可随时声请撤销扣押命令，以利当事人暂时使用。另第 111 条 d 则规定，法院为执行没收、收夺之“价额”，或判决宣告后为执行罚金刑及可预期的诉讼费用时，可发布物的假扣押[③]。又法院为罚金刑或可预期的诉讼费用执行假扣押时，若该假扣押的抵押物（Pfandgegenstand）为其辩护费用、个人或家人的生活费用所必需时，被告可声请撤销之。上述发布扣押（第 111 条 c）或假扣押（第 111 条 d）的主体，原则上只有法院，紧急时检察官亦有权发布。但对于动产以外之扣押或假扣押，通常必须在一周以内请法院补发命令[④]。另对于动产的扣押，紧急时检察署的侦查人员（检察事务官）亦有权发布扣押命令。当事人对于动产的扣押，随时都可向法院声请裁定。又检察署若在诉讼期间知悉被害人时，应将执行扣押及假扣押事宜立即通知被害人，以确保被害人的合法权益。

（四）日　本

日本最早设置没收、追征保全程序的法律为麻药特例法。之后制定的剥夺组织犯罪所得法，由于其处罚的犯罪罪名扩大至一般的重大犯罪，且犯罪所得的利益亦涵盖一切犯罪所得的利益，影响层面既广且深。其之主要内容为：

1. 一般起诉前、后没收的要件须具有“相当的理由”及“必要性”，起诉前由检察官声请或法院依职权发布。起诉后则由法院发布。起诉前的

---

① 中野目善则，イギリスにおける没收・追征・弁偿の基础理论—ホヂスン・リポートの先驱的提言—，渥美东洋编，组织・企业犯罪を考える，中央大学，1998 年 3 月，页 60 – 61。另有关英国对于已被调查犯罪嫌疑人，若有合理理由相信其有犯罪所得时，亦可发布限制（财产移转）命令（Restraint）。Toby Grahm/Evan Bell/Nicholas Elliot，ibid.，p. 61 – 64.

② 相关规定请参阅 Lutz Meyer – Goßner，Strafprozessordnung：Gerichts – verfassungsgesetz，Nebengesetze und ergänzende Bestimmungen，C. H. Beck，50. Aufl.，2007，§111b – 111p.

③ 对于确保执行的费用及微小价额时，法院不能发布扣押命令。

④ 德国刑事诉讼法第 111 条 b 为执行没收、收夺的物件扣押或价额假扣押之规定。

没收命令发布后，30 日内检察官未提起公诉时，将失其效力。另针对不动产及债权的没收保全，分别制定有没收保全登记及禁止取回债权或偿还债务等相关规定。又法院得以应没收保全财产相当的价额取代没收保全。

2. 追征保全的目的在于确保追征的执行，其之要件、执行程序与代替措施多与没收保全相似。惟追征的对象（客体）扩及一般的财产；且追征保全的要件除须具“相当的理由”外，只要在有可能无法执行追征或其之执行可能显有困难时亦可执行，对财产权的影响较为深远。

3. 没收、追征保全规定制定有起诉前准抗告、代替金及不当保全期间的救济措施，整体而言，堪称完备。例如：日本剥夺组织犯罪所得法第 23 条第 3、4 项所规定没收保全命令生效日为发布之后 30 日以内，除非检察官有特殊难以于期限内完成起诉之事由，得每隔 30 日向法官声请更新该命令外，若于期间内未提起公诉则该命令失效[①]。

针对上述内容，通常仍被认为有可能违反下列基本原则或侵权行为的争议：（1）违反无罪推定的原则；（2）限制嫌疑人或被告财产的自由处分权；（3）遭受停止交易等无法回复之损害[②]。故日后仍有待法院适切行使裁量权及运用有效的救济措施，以确保立法目的并减少不当的没收、追征保全对个人、企业造成社会、经济、信誉等之重大且难以回复之危害。

二、举证责任之转换

英美法系国家的美国主要没收犯罪所得的规定不在于刑事没收，而在于非刑事没收。特别是近年来美国 RICO 法所采用的民事没收，不以定罪为前提，侦查单位提出的证据不需达到排除合理怀疑的标准，只要达到民事没收诉讼中之证明标准的优势证据（Preponderance of Evidence），即可没收相关犯罪所得。虽有助于打击特定犯罪，受到执法机关的欢迎，但其易遭滥用及缺乏程序保障之正义，显然严重威胁宪法对合法财产权的保障[③]。

英国于 1996 年制定犯罪收益法（The Proceeds of Crime Act 1996）与刑

---

① 金融机关マネロン对策研究会，マネー・ローンダリング对策ハンドブック，金融财政事情研究会，2000 年 4 月，页 123；井上弘通、西田时弘，没收保全及び追征保全に关する实务上の诸问题，法曹会，2004 年 4 月，页 149。

② 白取祐司，组织的犯罪对策立法下の刑事弁护—没收・追征手续，季刊刑事弁护，25 期，2001 年 spring，页 31。

③ 何帆，刑事没收研究—国际法与比较法的视角，法律，2007 年 3 月，页 36、215。

事资产局法（The Criminal Assets Bureau Act 1996）后，刑事资产局的官员可向高等法院声请扣押、没收犯罪所得。此时，所提供的证据，只需要达到民事上的证明标准[①]，形成初步怀疑（Prima facie）的程度，且嫌疑人即使未被定罪，但只要其无法提供合理依据的反证，其涉嫌之犯罪所得即可被没收[②]。又有关毒品犯罪所得的计算，英国的举证责任系先委由国家根据侦查机关的情资算出交易价格的总体利益（gross proceed），并推定允许被告提出反证。例如：被告提出实际交易价格较低或扣除必要支出的实际所得较低等之反证后，虽可被扣除，但以该扣除费用的支付对象必须明确为前提[③]。

大陆法系国家的刑事法律，大多有检察官负举证责任的明文规定。但近年来为配合相关国际公约等之签署或国际共同打击组织、洗钱犯罪等都有类似转换举证责任的相关规定。例如，德国刑法第73条d第1项扩大收夺的客体为：（1）非源自被具体判决的行为，亦即可能源自任何一个其他的违法行为；（2）由事实情况证明推定正确后，将使被告为违法行为或源自该行为的客体被收夺之。因此，不论其为举证责任的转换（Beweislastumkehr）或举证责任的减轻（Beweiserleichterung），事实上即具有类似刑罚的性格[④]，故被认为有违无罪推定原则之虞。但德国学界及实务界对立的争点，主要在于对足可成立推定事实的“正当化事由”究竟为何？由本项的文义及论理解释似可导出具有绝对高度可能性（eine ganz hohe Wahrscheinlichkeit）为已足；但从目的、体系及合宪解释，由于强调法官仅有在穷尽一切举证及证据评价之后，产生未受限制的确信（die uneingeschränkte überzeugung）时即可收夺之，而非任何有关被收夺物非法来源的细节均须确认[⑤]，故既非举证责任的转换，亦非举证责任的减轻。

依日本麻药特例法第14条之规定，针对毒品犯罪之所得，检察官如能就：（1）犯人所犯为该法第5条之罪（常业输出入毒品罪）；（2）犯人违反该法第5条之罪的期间内取得之特定财产；（3）该财产之金额与上述期间内犯人的工作情况、收入等状况或基于法令所得（社会保险、急难救

---

① Gallant, ibid., p. 33.

② Toby Grahm/Evan Bell/Nicholas Elliot, ibid., p. 94.

③ 中野目善则，イギリスにおける没收・追征・弁偿の基础理论—ホヂスン・リポートの先驱的提言—，渥美东洋编，组织・企业犯罪を考える，中央大学，1998年3月，页51－52。

④ Eser, a. a. O. § 73d Rn. 1－2.

⑤ Tröndle, a. a. O. § 73 Rn. 3－5.

助）之状况明显不符时，充分举证，则足以推定该利益为犯罪所得。该法实施初期虽仍有遭到是否违反罪疑唯轻原则之质疑，但由于适用对象仅及于违反该法常业输出入毒品罪者的犯罪所得，执行对象及客体具体明确。且系剥夺毒品犯罪所得最核心的目标，故在论理上由于其在客观上的构成要件明确限定，虽仍可视其为转换举证责任之规定，但无可否认只要：(1) 前提事实与推定事实间具有密切的关联性；(2) 被告具有提出反证之容易性与妥当性，即属于容许推定①的范畴，可被视为一种事实认定之法则②。因此，实施迄今已近20余年间并无太大的争议。

三、判决确定前之没收

英美法系国家除多有民事没收的规定，其之刑事没收亦有不以定罪为要件，实施上极具弹性，故较不具正当刑事程序的保障。对此，美国RICO法或2000年民事没收改革法等确立的民事没收，在犯罪嫌疑人或被告未被定罪的情况下，只要能确保程序上的正义，亦具有没收其财产的正当性③。相对于英、美等国多元的没收规定，大陆法系的德国及日本并无相对应的没收规定，且没收基本上仍兼具类似刑罚或保安处分的性质。故理论上，除我国台湾地区基于保安处分性质或缓起诉等考量，设有专科没收或单独没收外，日本的刑事诉讼法第461条对宣告缓刑者亦可科以没收，但其均属于判决确定后的没收。因此，判决确定前，若有犯罪嫌疑人死亡、逃亡的情形时，且确定仍有犯罪所得存在时，在无法④没收或难以执行没收时，应有类似日本刑事诉讼法第348条之规定，法院对于判决确定前被认为罚金、追征等难以执行或其之执行显为困难之虞时，得依检察官之声请或职权命被告暂时缴交与该罚金、追征等相当金额之规定。

---

① 田口守一，刑事诉讼法，弘文堂，2007年2月，页352－354。

② 参阅北村道夫、吉松悟，マネー・ローンダリング捜查と没收保全—麻药特例法第18条の适用范囲について，警察学论集，52卷4号，1999年4月，页45。

③ 2010年7月14日美国政府在纽约及维吉尼亚州提起民事诉讼，要求没收陈水扁家族在当地以其子、媳名义购买的二栋房子。对此，陈致中表示：“还在审，怎没收”、“相关案件都还在台湾的法院审理中，美国根本无法确认资金适法性问题就说要没收，逻辑上不合理。”显然对美国民事没收有所误解。联合报，2010年7月16日，A1－A2版。

④ 我国台湾地区“刑事诉讼法”第470条第3项及日本刑事诉讼法第491条均规定罚金、追征等得就受刑人之遗产执行之。但判决前并无受刑人的存在，故对判决前死亡者之遗产，通常即无法执行没收或追征。

四、没收之国际合作

在国际金融交易及资金流动日益频繁、便捷、隐密及安全的同时，跨国间的组织、洗钱犯罪之所得亦经常隐藏于其间。故如何强化没收[①]之国际合作实属特别重要。故不论英美法系或大陆法系国家无不以致力于国家利益及国际合作为优先，纷纷加入各种有利于没收的联合国反毒公约、防止国际组织犯罪公约[②]（United Nations Convention against Transnational Organized Crime）、防止提供恐怖活动资金公约[③]（International Convention for the Suppression of the Financing of Terrorism）与反腐败公约[④]（Convention against Corruption）外，亦积极增加与他国签订刑事司法互助条约或透过参与国际刑警组织（International Criminal Police Organization，INTERPOL）、亚太反洗钱联盟（The Asia/Pacific Group on Money Laundering，APG）及艾格蒙联盟（The Egmont Group Financial Intelligence Units，FIUs）等方式，加强彼此间有利于没收执行等之交流与合作。

五、小　结

以上对美、英、德、日四国没收程序的分析得知，英美法系国家以民事没收为主轴的程序规定，除渐有强化其程序措施之法律依据及法院审核机制外，其以及时提供当事人对自己犯罪事实的答辩或与犯罪无关财产的抗辩等机会；提供保证金或其他经法院认可的保证方式，得以撤销冻结命令等作为，足供参考。对此，大陆法系国家仍以刑事没收为主轴，虽受到刑事诉讼无罪推定原则、罪疑唯轻、检察官负有举证责任等规定之限制，但仍基于明确性原则、比例原则、避免严苛刑罚等之考量，在可能特定的犯罪行为及与其有具体关联财产的范围内，尽量加强确保没收成效等之程序规定，更具援引、适用的参考价值。

---

① 此所谓“没收”并不是单指我国台湾地区仅限于物的狭义没收，而系泛指国际广义“不限于物”或“扩及债权”等之没收。

② 公约全文内容英文版，参阅 http：//www. uncjin. org/Documents/Conventions/dcatoc/final_ documents_ 2/convention_ eng. pdf（最终查阅日：2010 年 7 月 7 日）。

③ 公约全文内容英文版，参阅 http：//www. un. org/law/cod/finterr. htm（最终查阅日：2010 年 7 月 7 日）。

④ 公约全文，参阅 http：//www. unodc. org/pdf/crime/convention_ corruption/signing/convention-c. pdf（最终查阅日：2010 年 7 月 7 日）。

第五节　强化适切没收洗钱犯罪所得之刍议

从我国台湾地区当前没收洗钱犯罪所得理论及实务的综合分析与比较法的考察得知：

1. 英美法系综合性的没收规定较具适用上的弹性，日后若能确实强化程序正义，避免严苛刑罚及由于没收分享导致与民争利的恶果等，应是较具实效性的法制。但由于与我国台湾地区传统刑法法制存有极大差异，实不宜贸然引进。

2. 同为大陆法系德国的刑法及刑事诉讼法有关没收的实体及程序规定，无论就没收或收夺在实体上的基本原则、前提要件或特别作用等都非常充实、完整；在程序上的法院审查机制、被害人保护或救济措施等亦十分多元、周全，颇值我国台湾地区参考。惟德国没收、收夺的体制与实效仍有诸多争议，且与我国台湾地区特别法的相关制度迥然不同，遑论短时间内我国台湾地区可能在“刑法”及“刑事诉讼法”内建构类似的专章或规定。

3. 就我国台湾地区没收制度继受自日本与本书没收洗钱犯罪所得的立场，笔者以为当前日本刑法、刑事诉讼法及剥夺组织犯罪所得法的专法最具参考价值。特别是在实体法的体例上先重视财产权的保障、被害人的损害回复、比例原则及避免严苛刑罚的违宪问题。其次，为因应没收客体的多元、复杂，渐有强化追征在剥夺犯罪所得作用之趋势。又在程序法的体例上，除针对所有可能的没收客体，订定明确没收第三人财产的程序（含检察官必须及时处理的没收债权、法院没收判决的土地登记与刑事补偿的特例等）、（起诉前）没收（追征）保全程序等，非常完整、充实及细致，极具参考价值。

第三章

扣押财物或禁止处分财产之程序法制
——以利于损害回复或没收为核心

第一节　问题所在

台湾地区“刑事诉讼法”之扣押通常以具有证据作用或财产利益之有体物为限，但随着经济社会的变迁，个人或企业拥有财产的方式日益多元，特别是在个人投资理财或商贸交往日益频繁之际，如何藉由现代金融机构所提供储蓄存款账户、股票账户或连动债基金等各种日益复杂之金融商品，以钱赚钱、以利套利乃属极为正常或普遍之作为。又针对当前盛行之重大经济犯罪、贪污、毒品、走私、洗钱或集团诈欺犯罪者，更是经常以金融账户为寄存及移转财产之标的，故为确保被害人财产之损害回复或没收，如何在“宪法”保障财产权及“刑事诉讼法”注重正当法律程序之双重检验下，厘清“刑事诉讼法”扣押及“洗钱防制法”（刑事特别法）或“银行法”（行政法）禁止处分之适用客体（范围）、主体、要件及救济措施等问题；进而藉由比较法的考察，提出改善上述问题（缺失）之刍议，当能利于台湾地区修正扣押财物或禁止处分财产之程序法制。

第二节　依“刑事诉讼法”之扣押财物、发还及救济

一、扣押之客体范围

扣押，乃为取得物品占有之强制处分。依“刑事诉讼法”第133条第1项之规定，其之客体概分为可为证据之物或得没收之物。前者，可为证据之物，不仅包括能作为有罪证据之物，亦包含可作为无罪证据之物[①]；后者，得没收之物，主要为违禁物、供犯罪所用或犯罪预备之物及因犯罪所生或所得之物。其中，二者的共通点，乃在于扣押的客体，原则上须限于“物”，且为“有体物”。其之范围似乎可扩大至动产之现金或不动产

① 林钰雄，搜索扣押注释书，元照，2001年9月，页200。

之土地[①]，但原则上不能扩及财产债权或质权等无形之财产权益。另特别值得留意的是，有关“刑法”第121条第2项不违背职务之受贿罪、第122条第4项违背职务受贿罪及行贿罪与第143条第2项投票受贿罪之贿赂[②]（包括有形财物及无形财产）不能没收时，必须追征其价额，此时，扣押无法作为追征价额之手段[③]。亦即，扣押客体之范围除限于有体物外，并未具有没收、追征保全之机能。

二、扣押之主体

台湾地区“刑事诉讼法”对于决定扣押之主体，并无明文之规定。“刑事诉讼法”第136条第1项仅规定扣押之执行机关。在有令状[④]搜索时，除有法官或检察官亲自实施外，亦得命检察事务官、司法员警（官）执行之。又依“刑事诉讼法”第131条第2项检察官在无令状下执行紧急搜索时，亦得命检察事务官、司法员警（官）执行扣押。另不论是否为有令状之搜索或无令状之紧急搜索或“刑事诉讼法”第131条第1项之径行搜索的情况下，检察事务官及司法员警（官），依“刑事诉讼法”第137条及第152条，若发现搜索票所未记载的本案应扣押之物者或发现另案应扣押之物者，均得予附带扣押或另案扣押。综上，台湾地区“刑事诉讼法”决定扣押之主体，原则上为法官，紧急时为检察官，检察事务官及司法员警（官）虽有附随于有或无令状搜索时之附带扣押或另案扣押权，但并无独立之扣押权。

三、判断可否扣押之合理根据

台湾地区判断是否“可为”证据或“得”没收之物的基准为合理根据。因此，对于搜索票所载之应扣押之物，基本上乃法官基于涉嫌犯罪之事实或经验法则所推测得知有高度可能存在之物为限。但由于在侦查之初期阶段，相关犯罪侦查情势持续演变，无法尽量明确记载，故此时尤赖执

---

① 惟对于扣押不动产之方式，通常为查封及查扣证明文书（所有权状）。林钰雄，搜索扣押注释书，元照，2001年9月，页202。

② “刑法”第121条、第122条、第123条将贿赂与其他不正利益并列，显然贿赂包括不正之财产利益（性招待等）以外之一切利益。

③ 林钰雄，搜索扣押注释书，元照，2001年9月，页202。

④ 由于我国台湾地区相较于德国或日本，并无单独之（扣）押票，故此所谓令状系仅指搜索票而言。参阅黄朝义，刑事诉讼法，一品文化，2006年9月，页221。

行扣押人员本于合理根据之事由，由发现物本身或其存在之方式、状态等情况临场判断之[①]。惟此犯罪侦查情势演变的流动性似乎在某种程度上将法官或检察官之扣押决定权，顺势藉由附带扣押或另案扣押等巧妙移转至检察事务官及司法员警（官）等人员。因此，考量犯罪情势瞬间演变的情况及扣押主体原则上为法官之立法目的，台湾地区法官在核发搜索票之应扣押之物栏，除不应为“一切与犯罪相关之物”等概括式之记载外，应尽可能以列举方式，尽量明确、具体记载一切与本案相关之物的名称、种类等特定物件[②]。

四、扣押物之发还及救济措施

扣押在论理上乃为国家基于诉讼上之需要，“暂时”取得物品占有之强制处分，进而剥夺原属于所有（使用）人之占有、使用等之权益。但由于刑事诉讼之遂行，大多颇为旷日费时，故为不影响所有权人等之权益，“刑事诉讼法”第 142 条第 1 项设有：（1）无留存之必要者；（2）无第三人主张权利之赃物，即应不待案件终结，择一以法院之裁定或检察官命令发还之。此时，若对于检察官所为命令发还不服时，受处分人得依“刑事诉讼法”第 416 条第 1 项，声请所属法院撤销或变更之。若对法院所为之裁定不服时，亦可援引“刑事诉讼法”第 404 条但书之规定[③]，提起抗告。同时对于法院准驳发还扣押物之裁定，仍有不服时，亦得依“刑事诉讼法”第 403 条第 1 项及第 404 条第 1 款，请求直接上级法院驳回或撤销原裁定。

此外，对于一般扣押之救济措施，虽可概分为：（1）依“刑事诉讼法”第 403 条等，针对法院或个别法官之裁定提起抗告；（2）依“刑事诉讼法”第 416 条等，对检察官之命令或处分提起准抗告；（3）对依“刑事诉讼法”第 137 条第 2 项附带扣押准用“刑事诉讼法”第 131 条第 3 项之迳行搜索时，须经陈报该管检察署或法院之事后审查。其中，以扣押而言，由于检察事务官及司法员警（官）等并非法定扣押的主体。因此，除针对渠等执行之附带扣押有事后审查外，对于渠等执行之另案扣押则毫无

---

① 林钰雄，搜索扣押注释书，元照，2001 年 9 月，页 206。

② 参阅安富洁，刑事诉讼法讲义，庆应义塾大学，2007 年 6 月，页 96。

③ 其内容为，对于下列裁定，得抗告之：有得抗告之明文规定者。关于羁押、具保、责付、限制住居、搜索、扣押或扣押物发还等所为之禁止或扣押之裁定。

任何救济措施，诚属重大瑕疵之立法漏洞①。

第三节　论“洗钱防制法”之扣押财产规定及存款账户之禁止处分

“洗钱防制法”虽兼具对金融机构违反申报义务等之行政罚则，但一般均认其为刑事特别法，立法目的在于防制洗钱及追查重大犯罪。此乃希望藉由对金融机构课予之行政申报疑似洗钱交易之义务，增加追查重大犯罪之线索，进而期待达到查获犯罪所得来源之重大犯罪的目的。故如何针对重大犯罪者滥用合法或非法之金融交易体系等掩饰、隐匿犯罪所得，达到逃避查缉犯行及确保犯罪所得之目的；强化该法以钱找人，科处适切刑罚并以没收等打击其利益动机，使其普遍无利可图，应为该法在适用上之重点。因此，相对于“刑事诉讼法”以作为犯罪证物之方式，扣押金钱、股票、债券或存款账簿等财物，该法则为因应国际公约及确保没收等在程序法之执行，分别制定扣押财产之规定及存款账户之禁止处分。

一、扣押财产之规定

（一）区分财物与财产上利益

该法第4条明文区分因犯罪所得财物或财产上利益，包括：（1）因犯罪直接取得之财物或财产上利益；（2）因犯罪取得之报酬；（3）因前二款所列者变得之物或财产上利益。故依文义及论理解释，财物应指具有财产价值之物，不包括未具经济价值之一般土壤、垃圾或骨灰等；财产上利益乃着重于有体财物及无体权益等之综合性经济价值，且“变得”旨在强调后续直接或间接衍生之物或财产上利益之追查等，而此时的“物”究指包含财物之物；抑或已将财物归入财产上利益，极易滋生混淆。从“刑法”第349条第3项“因赃物变得之财物，以赃物论”之“变得”重在价值兑换之手段上的意义及演变结果之财物而言，似乎仍应以财物之用语较为妥适。惟财产本身已内含有体、无体财产之一切利益，其包括无体财产

① 黄朝义，刑事诉讼法，一品文化，2006年9月，页225；林钰雄，搜索扣押注释书，元照，2001年9月，页40。又认为“另案扣押之物的处理程序，至少比照附带扣押的处理才妥适”。张丽卿，验证刑诉改革脉动，五南，2004年9月，页64。

的内涵与财物本身显然有别；前者（无体财产）之内涵本身即为财产上利益，只是后者（财物）较强调有体物衍生之利益而已，而该后续衍生之利益就文义、论理解释而言，实质上亦可归属于财产，故扣押（犯罪）财产应可解释为扣押（犯罪）财产上利益[①]，包括物、财物或财产所衍生之一切利益。

（二）犯罪所得以发还被害人或善意第三人为优先

"刑法"第 38 条第 2 项，针对违禁物，不问属于犯罪行为人与否，义务没收之；对于供犯罪所用、犯罪预备之物或因犯罪所生、所得之物，唯有在该物属于犯罪行为人时，方得裁量没收之。因此，在无特别规定下，"物"的没收，通常应该是犯罪行为直接取得之原物[②]，且以属于犯罪行为人为限。又对于非属于犯罪行为人之物，不能没收，理论上应发还被害人[③]。至于被害人以外之第三人，在解释上应以善意（合理且不知情）取得之情况为限。此所谓"合理"应针对双方之职业背景、交往情况及取得该物的交易情况、对价关系等综合判断之；"不知情"亦以取得该物时不知相关犯行即可，无须扩大至取得后完全不知情为已足，但应排除有重大过失的情况。

（三）全部或一部不能没收时，追征其价额或以其财产抵偿之

该法在制定时，"刑法"总则并无有关追征或抵偿之一般性规定。因此，没收客体全部或一部不能没收时，义务应予追征或抵偿。然当时"刑法"仅有第 121 条（不违背职务之受贿罪）、第 122 条（违背职务受贿罪及行贿罪）、第 131 条（公务员图利罪）、第 143 条（投票受贿罪）有追征之规定，但无抵偿之规定。惟值得注意的是：此时没收的客体为"贿赂"或"利益"，已完全脱离"刑法"总则对没收物范围界线的理解。故追征

---

① 类似此种混用"财产"与"财产上利益"之情形，亦存在于"（赃）物"、"财物"与"财物上利益"。例如："刑法"第 349 条第 3 项明定"因赃物变得之财物，以赃物论"，系以拟制之方式扩大变得财物之违法性。参阅林山田，刑法各罪论（上册），台大法学院图书部，2006 年 10 月，页 527－528；蔡墩铭，刑法精义，瀚芦图书，2005 年 7 月，页 618－619。

② "'刑法'上所谓因犯罪所得之物，系指因犯罪直接取得者而言。""司法院"院字第 2140 号解释；又"'刑法'没收之物，虽指原物，但金钱为代替物，重在兑换价值，而不在原物，自难拘泥于没收原物之理论，认没收贩卖毒品所得之金钱，以当场搜获扣押者为限。"台湾"最高法院"1982 年度台覆字第 2 号。

③ 我国台湾地区"刑法"总则没收物以属于犯罪行为人为限，至于非属于犯罪行为人之物，除包括第三人者之物外，尚可能包括无主物，该物若不能没收，又无法扣押或发还，究应如何处置，即有缺失。对此，日本刑法第 19 条前段明定，对非属于犯人以外第三者之物得予没收，当可解决上述缺失。

在当时的解释上，通常系没收之代替处分。另该法追征或抵偿择一用语的表述，应取自特别“刑法”之“贪污治罪条例”、“毒品危害防制条例”等之相关规定。然2005年修正“刑法”第34条第3款规定时，并未界定追征及抵偿之性质，贸然将其规定为现今刑事法制所承认之从刑，除在论理上基于责任原则不利于犯罪所得之剥夺外，亦导致整个从刑体制的紊乱及适用顺序等之困难。

（四）必要时，得酌量扣押其财产

没收、追征或抵偿之宣告虽不以已经扣押为限，然实质上如果未经扣押或未能及时扣押（没收）保全，在渠等利用第三人名义以现代金融体系或防不胜防的地下经济进行复杂交易转移财产后，实属无法执行。因此，为确保没收等之执行，确有在必要时，得酌量扣押财产之迫切性及重要性。其中，所谓“必要时”，依现行“检察机关实施搜索扣押应行注意事项”第4项之规定，系指一般理性之人依其正常判断，可认为有犯罪证据存在之相当可能性之情形而言。此种相当可能性，虽无要求达到充分可信或确定程度之必要，惟须以有相当或然性存在为条件。而所谓“酌量”依现行“检察机关实施搜索扣押应行注意事项”第3项之规定，乃要求检察官实施搜索、扣押，应严格遵守侦查不公开之规定，并依比例原则，择其适当方法，务期于损害最小、影响最少之情形下，审慎执行之。

上述“检察机关实施搜索扣押应行注意事项”之规定，大致上虽属妥适，然较易被质疑的根本问题是：此所谓“财产”的范围，是否仅限于涉嫌违法的财产；抑或扩及一目了然合法的财产。若属前者，由于没收保全性质的财产扣押与一般证物扣押，在性质上显然有别，似有将发动搜索（扣押）门槛之“必要时”提高至“有相当理由”之必要，特别是针对被告或犯罪嫌疑人以外第三人所有之涉嫌财产扣押时[①]。若属后者，似乎较符合立法者之本意，然在实质上就须扩及追征或抵偿之财产保全的问题，由于攸关当事人合法财产之权益，实不宜以非法律性质之内部注意事项规范之，而应有尽速制定得以实施之专法或配套规定之必要性。

二、存款账户之禁止处分

存款账户之金钱债权，属于无形财产，非为我国台湾地区传统以物为主之扣押客体。故为防止不法分子利用账户、汇款、通货或其他以外之支

① 此时，就第三人财产权保障之观点，如何准许第三人参与诉讼程序的相关规定，极为重要。

付工具（例如：支票、有价证券）等进行洗钱。我国台湾地区遂于2003年修法时，引进美国“金融机构对外国资产管制办法（Foreign Assets Control Regulations for the Financial Community）”内有关“冻结账户（Blocked Account）”之概念①，在该法增订第8条之1禁止处分之规定②。又该法于2007年7月修正时，为兼顾财产所有权之合理尊重，并俾利侦查洗钱犯罪个案之特殊性，爰增订如有继续延长之必要者，检察官应于期间未满前，检附具体理由，声请法院裁定于6个月以内期间延长之，并以延长一次为限③。同时，被处分人若对禁止处分命令不服者，依法得准用“刑事诉讼法”第4编抗告之规定。其之要点及缺失有：

（一）适用主体为检察官或法官

适用禁止处分规定之主体，主要为侦查中之检察官或审判中之法官各依其职权声请或命令之，惟前者（检察官）在侦查中有事实足认被告利用账户、汇款、通货或其他支付工具从事洗钱行为时，得向法院声请禁止提款、转账、付款、交付、转让或其他相关处分之命令。但情况急迫时，有相当理由足认非立即为该禁止处分，无法保全得没收之财产或证据者，检察官得迳命执行之。但应于执行后3日内声请法院补发命令。法院如不于3日内补发或检察官未于执行后3日内声请法院补发命令者，应即停止执行。

该法将原本检察事务官或司法员警（官）依“刑事诉讼法”第131条第1项迳行搜索及第3项后段陈报检察官及法院之程序规定，改为由检察官践行上述规定，将禁止处分的主体明确排除检察事务官或司法员警（官）。此提升层级之立法，虽增加执法上之严谨度或慎重性，然却因其与

---

① 编辑者，“立法院”审查“洗钱防制法”修正草案，立法院公报，92卷8期，2003年1月，页988－990。

② 当时增订条款为第8条之1，第1项为：“检察官于侦查中，有事实足认被告利用账户、汇款、通货或其他支付工具从事洗钱者，得声请该管法院指定6个月以内之期间，对该笔洗钱交易之财产为禁止提款、转账、付款、交付、转让或其他相关处分之命令。其情况急迫，有相当理由足认非立即为上开命令，不能保全得没收之财产或证据者，检察官得迳命执行之，但应于执行后3日内报请法院补发命令。法院如不于3日内补发时，应即停止执行。”第2项为：“前项禁止提款、转账、付款、交付、转让或其他相关处分之命令，法官于审判中得依职权为之。”第3项为：“前2项命令，应以书面为之，并准用‘刑事诉讼法’第128条规定。”第4项为……第5项为：“对第1项、第2项之命令不服者，准用‘刑事诉讼法’第4编抗告之规定。”

③ 编辑者，“立法院”审查“洗钱防制法”修正草案，立法院公报，96卷54期，2007年7月，页3。

实务运作之常态有所背离，故似乎显得不具有特别之合理性。尤其是各国在防制洗钱法制时，通常司法员警（官）等对于金融机构申报疑似洗钱交易之汇款，依法都有数小时至数日等不尽相同的期间，要求金融机构暂缓交易，以利进一步查证或等待检察机关告知回覆[①]的规定[②]，避免该可疑交易瞬间即被移转，增加日后冻结、扣押等之困难。

（二）适用对象仅限定为洗钱行为人

适用禁止处分的对象为侦查中涉嫌以账户、汇款、通货或其他支付工具从事洗钱行为者。惟该涉嫌洗钱行为之程度，不应只是达到“刑事诉讼法”第 228 条第 1 项[③]可以发动侦查之程度，而应该达到有较高的可能性（或盖然性）足以确认该洗钱犯行之犯罪所得与洗钱罪之前置（重大）犯罪具有密切因果关系之程度。另本规定适用之对象仅限于洗钱行为人，故若洗钱罪前置行为之重大犯罪未有犯罪所得或该行为人在主客观上未有掩饰、隐匿犯罪所得之故意（意图），恐难以适用。其次，该适用洗钱行为之对象，条文仅明定为“被告”，并无“犯罪嫌疑人”。究其原因，可能由于“刑事诉讼法”对于“被告”之始期，并无明确之规定。实务上可能在制作警询笔录时即称犯罪嫌疑人为被告；亦有在侦查期间由他字案改为侦字案时即称犯罪嫌疑人为被告。对此，习以为常混用刑事诉讼初期各阶段对象名称之用语应予导正。因此，由于禁止处分经常适用于侦查中，且具对犯罪所得强制处分之性质，攸关适用对象之财产权益，为避免扩大误解，实有修正为“犯罪嫌疑人或被告”[④] 之必要。

（三）行为客体明定为“该笔洗钱交易之财产”

该法禁止处分之行为客体为“该笔洗钱交易之财产”，亦即仅有对涉嫌洗钱交易的财产，方能向法院声请对其为禁止提款、转账、付款、交付、转让或其他相关处分之命令。以账户而言，只要对于“该笔洗钱交易”以外之财产，不论提款、转账、付款、交付、转让或存款等，只要使

---

① “回覆”一词，在我国大陆的同义法律术语为“回复”。——编者注

② 例如：各国冻结洗钱交易的最长时间不同，德国（比利时）2 个工作日、法国 12 小时、意大利（波兰）48 小时、南非 5 天、卢森堡无限制。Glenn Gottselig/Sarah Underwood, Financial intelligence units: an overview, World Bank, 2004, p. 78.

③ “刑事诉讼法”第 228 条第 1 项规定：“检察官因告诉、告发、自首或其他情事知有犯罪嫌疑者，应即开始侦查。”

④ 类似用语的冲突与对立亦存于“刑事诉讼法”第 228 条第 4 项，为避免误用或误解的用语应该是“被告或犯罪嫌疑人”，而非现行法仅有“被告”而无“犯罪嫌疑人”。

存款余额不低于该笔洗钱交易财产之总额，理论上即非违反禁止处分之规定。因此，该法禁止处分之规定，实质上并非完整冻结该账户之资金进出或与“该笔洗钱交易之财产”相关的一切交易。

当前司法实务单位在执行禁止处分时，除有以“刑事诉讼法”扣押规定扣押整本账簿，或在未明示该笔洗钱交易之财产的情况下，以禁止处分命令冻结整个账户等均属于法无据。惟值得注意的是：该法禁止处分之目的乃沿袭传统“刑事诉讼法”扣押着重于“保全得没收之财产或证据”之思维，故将行为客体侷限于“该笔洗钱交易之财产”，亦完全符合比例原则。然如此特别强调“‘该笔’洗钱交易之财产”的特定性用语，较易被质疑的是：当疑似洗钱交易之汇款已被转汇至域外时，对于账户内仍有相当于该笔洗钱交易之汇款的财产时，是否可对其禁止处分的问题？对此问题，本于文义解释，由于账户内之财产价额，不论多寡，均非“该笔”有特定性之洗钱交易的财产，故非为禁止处分之客体，只能援引第 9 条第 5 项之规定请求其他国家针对“该笔洗钱交易之财产”协助执行禁止处分命令。惟就论理及目的解释，事实上“该笔洗钱交易之财产”所重的应该是该财产之价值，只要账户内之财产与“该笔洗钱交易之财产”因混合之故，丧失特定性时，本于同属同一名义人之债权的法理[1]，似应仍可予禁止处分，如此方能达到该法欲“保全得没收之财产或证据”者之立法意旨。

（四）禁止时间最长为 1 年

该法禁止“该笔洗钱交易之财产”的时间，为检察官声请该管法院所指定“6 个月以内之期间”，亦即以 6 个月为上限。因此，实际上乃授权法官依相关卷证资料酌定期限，不可因疏漏而未记载期间，或理所当然均指定为 6 个月。另若法官所指定期间，确有继续延长之必要者，检察官应检附具体理由，至迟于期间届满之前 5 日声请该管法院裁定。但延长期间不得逾 6 个月，并以延长 1 次为限。此时，法院裁定延长的时间，虽以 6 个月为上限，但亦非每次延长均须为 6 个月，故依本法最长可以禁止处分的期间为 1 年。

洗钱案件的资金来源，有时的确错综复杂，非短时间或以 1 年为限之

---

① 参阅岩原绅作、森下哲郎，预金の归属をめぐる诸问题，金融法务事情，1746 期，2005 年 8 月，页 29；堂园升平，振り込め诈欺资金における被害者の预金払戻请求权の代位行使，银行法务 21，657 号，2006 年 3 月，页 7。

期间所能厘清，然禁止处分仅是侦查期间一种暂时性、阶段性、及时性的强制措施[①]。法官对于首次期间的酌定或准予延长期间的限定，实应确实考量其之必要性、紧急性、合理性。若可能造成被处分人实质巨额财产损失时，具体明确认定财产价额后，以他财产代替被禁止处分财产之配套措施极为重要，故以1年为最长期限之规定，尚属妥适。

（五）抗告规定过于简略，无法与重时效之禁止处分相对应

该法明文规定不服禁止处分命令或延长禁止处分之命令者得准用“刑事诉讼法”第4编抗告之规定。此抗告相关规定虽为程序法上必要之救济措施，但由于该规定之条文内容仅17条（§§403－419），过于简略，不仅无法凸显与重时效的禁止处分规定相对应之关系，更难以确保重实效之救济措施。同时，禁止处分通常以金钱债权等财产为客体，其与以物或财物为主之“刑事诉讼法”之扣押显然有别，特别是前者（禁止处分）客体为财产，不限于金额多寡，若其结果足以危及个人生存、家人基本生活或公司营运等时，实应有避免严苛刑罚或代替禁止处分财产等之配套规定。

第四节　评“银行对疑似不法或显属异常交易之存款账户管理办法”之警示账户

一、“银行对疑似不法或显属异常交易之存款账户管理办法”之立法背景及实施现况

该法之立法背景主要源自近年来诈欺（恐吓）取财犯罪情势之恶化及嚣张，渠等首先结合早已长存于我国台湾地区社会的人头账户，藉着金融海啸等经济不景气，利诱生活无以为继或一时贪图蝇头小利之自愿性人头账户贩售者，取得他人金融账户、金融卡及提款密码等。其次，再进一步以集团分工的方式，巧妙地利用人心一时之间的贪婪、专注于生活或工作而无暇兼顾人际关系或社会治安情势的疏离，致使诈欺取财犯罪者不但能利用人性、情境或对于法律、组织体系等的无知持续犯行外，亦能趁势利

① 李杰清，金融账户之冻结、扣押或禁止处分，“法务部”2008年度犯罪所得之扣押与没收研讨会论文，2008年11月，页17。

用新闻焦点的媒体报道，再以架设电信机房层层转接或以网络电话跨国遥控犯情。因此，不论是受害的人数、金额或地区的规模，除已深刻影响人心安定、治安良窳之外，亦危及被害人对自己愚昧无知不可原谅的沉重心理负担；甚至严重打击其对他人之信任关系、对金融机构之信赖或对政府统治效能等之期待。

有鉴于此，行政当局乃针对全民公敌之诈欺取财集团，首先于2002年11月召开防制诈欺集团使用人头账户之会议；次年，“行政院”强化社会治安第16次项目会议等陆续决议“建立警示通报机制”、“在活期性存款开户契约中增订一定条件下，银行得暂停存款人利用自动柜员机提款之机制”[①]；并要求当时之“财政部”金融局（2004年7月1日更名改隶“行政院”金融监督管理委员会，以下称银行局）研商建构“人头数据库”、“警示通报机制”，亦即要求各金融机构在确认警调单位以电话通报特定金融账号无误后，应立即中止该账号以提款卡、语音转账、网络转账及其他电子支付之转账功能，使歹徒无法直接以转账方式提领犯罪所得，必须临柜提领[②]。

惟由于上述讲究时效应急式的金融行政措施，并无法源依据。故“立法院”于2005年4月审议“银行法”等7法部分条文修正案时，特增订“银行法”第45条之2第2项，以强化金融机构等作为善良管理人的责任问题；并制定第45条之2第3项，委任主管机关处理疑似不法或显属异常交易账户之认定标准及暂停账户之作业程序等。故“金管会”银行局于2006年4月特发布“银行对疑似不法或显属异常交易之存款账户管理办法”（以下称“异常交易管理办法”）。

综上，警示账户之发展过程，依序可分概分为三个阶段：（1）应急式设置联防机制期（2002年10月至2005年4月）；（2）强调善良管理人责任之过渡期（2005年5月至2006年3月）；（3）警示账户扩大实施期（2006年4月迄今）[③]。在该法发布前的2005年，全台受理诈骗案件数达最高峰，计有43023件，损失金额约113亿元。该法发布后，在相关单位持续努力下受理件数呈逐年递减之趋势，2006年、2007年及2008年1月至

① 魏武群，“洗钱防制法”上有关禁止处分制度之研究，中原大学财经法律研究所硕士论文，2008年1月，页131。

② 参阅 http://www.fscey.gov.tw/fp.aspx?icuItem=30060（最后查阅日：2009年1月13日）。

③ 李杰清，诈欺犯罪所得的冻结与发还—以“银行法”警示账户为核心，台湾法学杂志，124期，2009年3月，页88-89。

10月受理件数及损失金额分别为：41352件（185亿元）、40348件（150亿元）、35172件（95亿元）[①]。又即使在消费停滞、热钱减少的经济不景气，2008年1月至10月的诈欺案件数亦快速增加，同期间的嫌疑犯人数也高达24000多人，双双达到历年同期之新高[②]。因此，当前的诈欺取财犯罪之规模、人数及被害金额均有扩大之趋势。

二、警示账户之定义及处理措施

（一）警示账户之定义

该法将警示账户正式定义为："指法院、检察署或司法员警机关（以下简称"检警调单位"）为侦办刑事案件需要，通报[③]银行将存款账户列为警示者。"外，亦将疑似不法或显属异常交易之存款账户，区分为下列三类：第一类包括：（1）法院、检察署因侦办刑事案件需要，依法扣押或禁止处分之存款账户；（2）存款账户属伪冒开户者。第二类包括：（1）属警示账户者；（2）属衍生管制账户者[④]。第三类除为符合短期间内频繁申请开立存款账户，且无法提出合理说明者等之特定涉嫌行为类型外，事实上亦扩及符合银行防制洗钱注意事项模板所列疑似洗钱表征之交易者与其他经主管机关或银行认定为疑似不法或显属异常交易之存款账户。

（二）警示账户之处理措施[⑤]

存款账户依前条之分类标准认定为疑似不法或显属异常交易者，银行应针对第一类警示账户采取下列处理措施：（1）存款账户依法扣押或禁止处分者，应即依相关法令规定办理；（2）存款账户如属伪冒开户者，应即通知司法员警机关、"法务部"调查局洗钱防制中心及金融联合征信中心，银行并应即结清该账户，其剩余款项则俟依法可领取者申请给付时处理；（3）依其他法令规定之处理措施。第二类警示账户应采取：（1）存款账

---

① "内政部"警政署，全民防骗超连结—警政署165反诈骗咨询专线，第一届政府服务质量奖参奖申请书，2008年11月，页50。

② 许玉君、孙中英，景气差诈骗案创新高，联合报，2009年1月5日，A10版。

③ 依"异常交易管理办法"第3条第3款，"通报"系指法院、检察署或司法员警机关以公文书通知银行将存款账户列为警示或解除警示，惟如属重大紧急案件，得以电话、传真或其他可行方式先行通知，并应即补办公文书资料。

④ 依"异常交易管理办法"第3条第2款，"衍生管制账户"乃指警示账户之开户人所开立之其他存款账户。

⑤ 有关警示账户通报及联防机制作业程序流程图，参阅本章末附图一至三。

户经通报为警示账户者，应即通知金融联合征信中心，并暂停该账户全部交易功能，汇入款项迳以退汇方式退回汇款行；(2) 存款账户属衍生管制账户者，应即暂停该账户使用提款卡、语音转账、网络转账及其他电子支付功能，汇入款项迳以退汇方式退回汇款行；(3) 依其他法令规定之处理措施。第三类警示账户须采取：(1) 对该等账户进行查证及持续进行监控，如经查证有不法情事者，除通知司法员警机关外，并得采行前二款之部分或全部措施；(2) 依“洗钱防制法”等相关法令规定之处理措施。

三、警示账户处理之缺失

(一) 第一类及第三类之警示账户

该法第4条第1款之第一类警示账户分为：(1) 依法扣押或禁止处分之存款账户；(2) 存款账户属伪冒开户者。然若属伪冒开立之存款账户，该账户本身即为犯罪之证据，当能依法扣押，故应无特别强调其为第一类警示账户之另一种类型的必要。又所谓“依法扣押”之存款账户，除上述伪冒开户之类型外，是否尚有其他类型行为？此种性质之扣押是否能扩及金钱债权之财产扣押？又若为肯定，“洗钱防制法”第9条的禁止处分是否叠床架屋，丧失存在之必要。又若为否定，则相对于禁止处分，扣押客体是否仅限于有体之物或财物？又除可为证据之物外，扣押得没收之物的界限（或范围）究竟如何？均有深论之必要。

又该法第一类警示账户包括了“洗钱防制法”禁止处分之存款账户；第三类警示账户事实上乃多属具有洗钱表征之疑似洗钱账户，故一时之间以行政法属性之“银行法”为法源之“异常交易处理办法”之警示账户，似乎成为特别“刑法”属性“洗钱防制法”禁止处分账户之上位概念，除严重架空、禁止处分之实效外，更有法制体系错乱之荒谬。另对于第一类警示账户之处理规定，仅是“应即依相关法令规定办理”或“银行并应即结清该账户”，尚未逾越依法授权范围或寄托契约自始无效之论理，较无争议。然对第三类账户进行查证及持续监控的结果，若有不法行为得采取处理前二类账户之部分或全部之措施，其中针对第二类警示账户之处理措施极具争议。

(二) 第二类警示账户

该法本系针对诈欺取财使用他人存款账户所采取的必要管制措施。原本实施管制的客体，应该只限于第二类之属于警示账户者，惟由于实务上诈欺集团所使用之人头账户多属自愿（贩售）型人头账户，渠等在贩售前取得存款账户尚属便利，故通常多以个人或他人名义取得多家金融机构之存款账户后，再贩售牟利。故为避免法律漏洞或影响执法成效，实有针对警示账户同一名义之其他存款账户（即第二类之属于衍生管制账户者）采取管制措施之必要性及合理性。惟在实施运作上，首先，必须厘清该账户之属性（是否为营利事业或个人薪资转账账户？）或使用情形（长久、经常性使用或新开户、极少使用）等初步判定之。其次，在实质管制财产价值的高低及期限[①]等，尤应恪守依法行政原则下之法律保留原则及比例原则，方能确保执法之合法性及相当性。尤其是针对警示账户者所采“暂停该账户全部交易功能”；针对衍生管制账户者所采“应即暂停该账户使用提款卡、语音转账、网络转账及其他电子支付功能，汇入款项迳以退汇方式退回汇款行”之管制期限及管制结果，除有违反母法依法授权之范围（得予暂停存入或提领、汇出款项）与目的（银行对存款账户应负善良管理人责任）外，亦有违反母法之“银行法”第48条第1项“银行非依法院之裁判或其他法律之规定，不得接受第三人有关停止给付存款或汇款、扣留担保物或保管物或其他类似之请求”之虞[②]。

四、司法员警机关为实务上警示账户之认定主体，缺乏内外部之稽核机制

作为“异常交易管理办法”法源之“银行法”第45条之2第3项，仅规定“前项疑似不法或显属异常交易账户之认定标准，及暂停账户之作业程序及办法，由主管机关定之”。并无明定作为认定警示账户的主体机关。惟由司法员警机关几乎独占通报的情况。司法员警机关执行冻结账户时，极有可能因争取时效之故，而疏于取得充分足以进一步佐证之个人或财产等之资料，而导致误认或被滥用等之情形。“异常交易管理办法”第5条第2款第1目“存款账户经通报为警示账户者，‘应’即通知金融联

---

① 依该法第9条之规定警示账户之警示期限自每次通报时起算，于5年自动失其效力，但得于期限届满前再行通报之，并无最长期限之限制，显然与该法第5条第2款“暂停”该账户全部或部分功能相去甚远。

② “邮政储金汇兑法”第11条“中华邮政公司非依法院之裁判或检察机关之书面通知或其他法律之规定，不得接受第三人有关停止账户交易活动或给付汇款之请求”亦有类似之规定。古慧珍，台湾地区网络诈欺防制之研究—以使用人头账户为中心，交大科法所硕士论文，2006年6月，页34。亦即金融机构若非依法院判决或其他法律之规定，原则上应不得接受第三人有关停止给付存款或汇款等之类似请求。

合征信中心，并暂停该账户全部交易功能”；及第 7 条第 2 项“警示账户之原通报机关依前项资料进行查证后，如认为该等受款账户亦须列为警示账户者，由该原通报机关再进一步‘通报相关银行列为警示’”等文义得知，通报单位的警察机关在犯罪侦查实务上俨然已成为警示账户之认定机关。此“异常交易管理办法”中警示账户最主要的通报兼认定机关，虽在内部有一定的查证程序及步骤，然既缺乏严谨的法律规范；亦乏周全、妥适的内、外部稽核、审查之机制①，其之适法性②及有效性③仍待检验。

五、发还警示账户剩余款之争议

“异常交易管理办法”第 11 条规定，存款账户经通报为警示账户，银行经确认通报原因属诈财案件，且该账户中尚有被害人汇（转）入之款项未被提领者，应依开户资料联络开户人，与其协商发还警示账户内剩余款项事宜。若仍无法联络开户人者，应透过汇（转）出行通知被害人，由被害人检具证明文件④，经银行依汇（转）入时间顺序逐笔认定其尚未被提领部分，由最后一笔金额往前推算至账户余额为零止⑤，发还警示账户内剩余款项。又银行依本条规定办理警示账户剩余款项之发还，如有：（1）剩余款项在一定金额以下，不符作业成本者；（2）自警示通报时起超过 6 个月，仍无法联络开户人或被害人者；（3）被害人不愿报案或不愿出面领取款项者，得迳行结清该账户，并将剩余款项转列其他应付款，俟依法可领取者申请给付时处理。但银行须经通报解除警示或警示期限届满后，方得

---

① 此若将列为第一类存款账户之警示账户与“洗钱防制法”第 9 条之禁止处分账户相较，后者侦查中检察官必须向法院声请；紧急时得迳命执行，但应于执行后 3 日内声请法院补发，并有准用“刑事诉讼法”第 4 编抗告之规定。前者，司法员警内部即可迳行为之，稽核、审查、救济等程序保障，即使有之，亦不够透明、完整。

② 此所谓适法性的检讨，主要系指违反契约自由的精神；母法（“银行法”）之授权范围与目的；“行政法”之受（委）任者不得再委任之法理。李杰清，诈欺犯罪所得的冻结与发还—以“银行法”警示账户为核心，台湾法学杂志，124 期，2009 年 3 月，页 93－94。

③ 警示账户解除原因揭露制度自 2007 年 1 月 16 日实施以来，当年度计有 3885 件，其中事后确认不起诉案件及误设警示件数共 1187 件，占总件数约 30.6%，足见为争取时效紧急通报为警示账户之有效性及正确性，均有慎重检讨之必要。财团法人金融联合征信中心，2008 年 2 月 21 日金征（业）字第 0970002556 号函。

④ 通常系指：（1）刑事案件报案三联单；（2）汇（转）入款证明；（3）申请不实致银行受有损失，由该被害人负一切法律责任之切结书。

⑤ 此就一般民众或被害人之观点，“异常交易管理办法”第 11 条之规定，实质上即为在汇（转）入款项尚未被提领（转出）的前提下，采行“后进先出”法。

解除对该账户开户人之警示效力。另若有疑似交易纠纷或案情复杂等情事，则不适用上述所定剩余款项发还之规定，而应循（民事）司法程序办理。其之争议主要有：

（一）得由被害人检具发还或迳行结清该账户之规定，有违法之虞

该法第 11 条第 2 项在无法联络开户人时，仅由被害人检具特定档即可发还，完全无视于开户人（账户名义人）与金融机构间之委任、寄托契约。同法第 11 条第 3 项亦明定在特定条件下，得“迳行结清该账户”，以利日后警示账户内剩余款之发还。上述相关规定，可能违反“民法”第 536 条“受任人非有急迫之情事，并可推定委任人若知有此情事亦允许变更其指示者，不得变更委任人之指示”及第 540 条“受任人应将委任事务进行之状况，报告委任人，委任关系终止时，应明确报告其颠末”之虞。且由于其母法之“银行法”并无相关规定，该内容又属于影响当事人重大财产权益之结果，显然不符其依法授权法源之范围（得予暂停存入或提领、汇出款项）及目的（银行对存款账户应负善良管理人责任）。

（二）疑似交易纠纷或案情复杂等情事，不适用及时发还剩余款之规定

对有疑似交易纠纷或复杂情事等案件，明文不适用上述所定剩余款项发还之规定，旨在避免公权力无端过于介入相关民事权益之纠纷，有其必要性。然其以简略方式明列该等案件，应循司法程序办理发还剩余款的规定，导致多数徘徊在疑似交易纠纷与诈财案件之灰色地带的案件，因无法及时适用，而被导向冗长且较高成本的民事诉讼，恐与本规定欲利于汇款被害人所采取及时有效的损害回复等目的相背离。尤其在网络拍卖或购物纠纷等日渐普遍流行的趋势下，犯人以交易为名，行诈欺之实亦时有所闻，故完全不论其交易的方式、内容、被害程度或受害人数的规模，忽略以交易为名行诈欺之实时被害人的期待，不具有充分的合理性，应有基于损害回复的观点，再详加斟酌之余地。

（三）对单纯案件以“后进先出”方式发还剩余款，对其他被害人缺乏公平性

对于复杂或简单案件的区分，在逻辑思维上似乎也应以汇款账户资金转出（入）的情况而定，通常一账户且仅有一个被害人（行为）时，可谓单纯，足以明确判定该账户余额即为实质上被害（人）之财产。然若一账户而有复（多）数被害人（行为）时，由于事涉汇款被害人、名义债权人及金融机构等之刑事、民事、“银行法”、“个人资料保护法”等之法

律问题，理应非属单纯案件。惟证诸于该法第 11 条第 2 项“经银行依汇（转）入时间顺序逐笔认定其尚未被提领部分，由最后一笔金额往前推算至账户余额为零止，发还警示账户内剩余款项”之规定，显然未虑及人头账户形成的原因、手段，亦不分汇款被害人之人数或行为数，而仅是在汇入款未被完全提领的前提下，以“后进先出”方式，渐次确认并发还剩余款项。例如：集团成员甲以诈欺等方式，成功促请乙、丙先后分别各汇款 15 万元、16 万元至集团成员车手（提款人）丁保管之人头账户 A。丁在乙、丙汇款后连续 5 次提款 3 万元，账户余额为 16 万零 100 元。之后，丁在另一被害人戊汇款 2 万元入人头账户 A 后，遂以非约定转账之方式汇出 3 万元至人头账户 B，但尚未被提领时，该人头账户 A 及 B 先后被列为警示账户，所剩余额分别为 16 万零 83 元（扣除跨行汇款手续费 17 元）和 3 万元。此时，由于戊在 B 账户之剩余款未被提领，且高于戊汇款金额 2 万元，因此可完全发还。另 B 账户最后所剩之 1 万元，基于上述“后进先出”原则及汇款金额 2 万元为戊财产之相同论证，似乎也可推认其为（与乙相较）较后汇款之丙的 1 万元，故连同 A 账户之剩余款 16 万零 83 元，依法仍应完全发还丙之汇款 16 万元。如此现行金融机构认定账户内剩余款所有权人之实务做法，事实上由于同一账户之复（多）数汇款人之剩余财产债权均属同一债权①，在论理上无法区分，亦难以确认。其次，“后进先出”之原则，显然损及最先汇款之被害人，为何不能依其逻辑上之优先级，采行“先进先出”之论理②，应有更充分说明之必要。但不论是现行法所采行“后进先出”之原则或尚有斟酌余地之“先进先出”之论理，在实际执行上均存在未能确保公平性的难题。最后，该规定所谓“案情复杂等案件”，乃取决于犯人或账户所有人是否有将各笔汇款提领一空的事实，与文义上案情是否“复杂”并未有直接或太深入的牵连关系。此虽在无形之中增进诈欺等犯罪被害人损害回复的效率或效益，但实质上除扩大适用该规定所产生对被害人之债权缺乏特定性及对被害人本身无法确保公平性等之争议，亦缺乏相关之稽核、审查、救济等措施。

---

① 参阅岩原绅作、森下哲郎，预金の归属をめぐる诸问题，金融法务事情，1746 期，2005 年 8 月，页 29；堂园升平，振り込め诈欺资金における被害者の预金払戻请求权の代位行使，银行法务 21，657 号，2006 年 3 月，页 7。

② 针对 A 账户，由于乙、丙汇款时间的紧密关系，难以推论丁之提款合计 15 万元，究属乙或丙之财产时，若采行“先进先出”原则，先行推认该 15 万元为丙之财产，而仅能发还丙在 A 账户内之剩余款 1 万元，而 A 账户剩余款之 15 万元必须先行发还予乙。

第五节　国际公约与日、德比较法之考察

一、国际公约

联合国自1988年制定联合国反毒公约之后，赓续于1999年、2000年、2003年分别制定防制提供恐怖活动资金公约、防止国际组织犯罪公约及反腐败公约，其之内容均有类似“各缔约国还应制定可能必要的措施，使其主管当局得以识别、追查和冻结或扣押本条第1款[①]所述的收益、财产、工具或任何其他物品，以便最终予以没收”的规定。又反腐败公约第31条则针对冻结、扣押[②]及没收[③]，认为各缔约国应在本国法律制度的范围内尽最大可能采取下列主要措施有：（1）确立犯罪所得[④]的财产[⑤]（包括变得、代替或混合之财产）及（拟）供犯罪所用之财产。（2）为利于没收及其之国际合作，各缔约国均应使法院或主管机关有权命令相关或所属机关提供或扣押银行记录、财务记录或商业记录。缔约国不得以银行保密为理由拒绝之。（3）缔约国在符合其本国法律的基本原则及司法程序与行政程序的前提下，得考虑将犯罪所得的举证责任转换为被告。（4）本条扣押、冻结及没收等之规定，不得作为损害善意第三人权利的解释。因此，在国际公约不论是暂时性之扣押、冻结（禁止处分）或终局性之没收，其之客体均扩及有体之财物或无体之财产（包括财产上利益）。其次，明文授权法院或主管机关得以命令提出或扣押之方式，取得银行记录、财务记录或商业记录。再者，在尊重各缔约国法律基本原则及法律制度之前

---

① 联合国反毒公约第5条第1款之规定为：“各缔约国应制定可能必要的措施以便能够没收。”联合国反毒公约之内容，请参阅“法务部”洗钱防制处网站：http://www.mjib.gov.tw/mlpc/mlpc03.htm。

② 该公约第2条第6款将“冻结”或“扣押”定义为：“系指依照法院或者其他主管机关的命令暂时禁止财产转移、转换、处分或者移动或者对财产实行暂时性扣留或者控制。”

③ 该公约第2条第7款将“没收（包括充公）”定义为：“根据法院或者其他主管机关的命令对财产实行永久剥夺。”

④ 该公约第2条第5款将“犯罪所得”定义为：“通过实施犯罪而直接或间接产生或者获得的任何财产。”

⑤ 该公约第2条第4款将“财产”定义为：“各种资产，不论是物质的还是非物质的、动产还是不动产、有形的还是无形的，以及证明对这种资产的产权或者权益的法律档或者文书。”

提下，得将检察官之举证责任转换予被告。最后，扣押、冻结及没收等之执行，不得损害善意第三人之利益。

二、日本法

日本刑事诉讼法第 99 条有关扣押客体规定为“法院在必要时得扣押可为证据之物或应没收之物。但特别情况下，不在此限”。因此，扣押的主体为法院；扣押的客体为可为证据之物或应没收之物（与我国台湾地区较具裁量空间之得没收物有所不同）；没收的客体原则上为有体物①，不包括对话或电磁记录等内容之无体物。但在特殊情况下②，即使非为有体物，本于令状主义的原则，就执行之司法员警或受处分人双方而言，只要与令状明确记载之应扣押物具有足以识别之同一程度的特定性，即可为扣押之客体③。又依刑事诉讼法第 347 条第 1 项及第 2 项，扣押之赃物或其之代替物，只要应发还被害人之理由明确时，均应将其谕知发还被害人。另依刑事诉讼法第 348 条，法院对于判决确定前被认为罚金、追征等难以执行或其之执行显为困难之虞时，得依检察官之声请或职权命被告暂时缴交与该罚金、追征等相当之金额。若各审级暂时缴交之金额有落差时，亦可依刑事诉讼法第 493 条之规定调整之。

日本针对重大犯罪所得的没收及其之国际合作，主要存在于剥夺组织犯罪所得法，该法第 2 条第 2 项“犯罪收益”的定义，并未设定为一定刑期以上之罪所产生之犯罪所得，而是以附表或指定特定罪名之方式，将其直接或间接（包括其衍生、变得、取得）产生之一切财产视为“犯罪收益”。其次，在实体法方面，追征本系没收不能时之代替处分，但依该法第 16 条之规定，若因该财产之性质、使用状况或犯人以外之第三人对该财产权利之有无等被认为没收不相当时，得直接向犯人追征价额。再者，为确保没收之执行，该法第 22 条设有没收保全命令（包括针对地上权、抵押权等之附带没收保全命令）；第 23 条设有起诉前的没收保全命令，若

---

① 田口守一，刑事诉讼法，弘文堂，2007 年 2 月，页 87。

② 例如：计算机服务器内存有涉嫌事实相关之电磁纪录之盖然性颇高时，本于现场情况、扣押目的物的性质及受处分者的态度等，认为在该场所无法或不适合进行确认时，若将该服务器移至适当场所查验时，被认为符合日本刑事诉讼法第 221 条第 1 项或第 111 条第 1 项为搜索所为“必要处分”之意涵，并未违法。长沼范良，电磁的情报に关する搜索・差押え，现代刑事法，5 卷 5 号，2003 年 5 月，页 47－48。

③ 安富洁，刑事诉讼法讲义，庆应义塾大学，2007 年 6 月，页 96。

30日内未提起公诉即丧失效力，但若有不得已之情事，法院得依检察官之声请更新之。另依第26条之规定，法院若认为没收保全财产所有人声请之理由适当时，得以裁定准其缴纳与没收保全财产相当金额之代替金。最后，为确保追征之执行，该法第42条设有追征保全命令，即针对该法附表等特定之案件，法院有相当理由足认应依该法或其他法令追征不法财产价额时，该追征之裁判恐有无法执行之虞或其之执行显有困难时，得依检察官之声请或依职权核发追征保全命令。该命令应针对特定财产，核定追征保全金额。若该财产为动产时，则目的物不特定时亦得核发。为停止或取消追征保全命令之执行，法院得命被告缴纳一定金额之解放金。又第43条设有起诉前的追征保全命令，针对无法没收或执行没收显有困难，而应予追征之情况，即使在起诉前，法院若认为有必要时，得依检察官之声请核发追征保全命令；同时依第44条之规定，追征保全命令由检察官命令执行之。该命令与民事保全法之假扣押命令具有同一之效力。

三、德国法

德国有关于扣押（Beschlagnahme）或确保没收执行之没收保全等规定，主要存在于刑事诉讼法第111条b、第111条c、第111条d及第111条e等。首先，第111条b第1项为没收保全之扣押规定，该规定之扣押物[①]明定为得供没收（Einziehung）、收夺（Verfall）之客体，与刑事诉讼法第94条作为证据使用之物的扣押有所不同。然若扣押物本身兼具可为证据或得为没收等之物时，依法亦能以第111条b没收保全扣押之[②]。其中，较无争议的是：该规定虽为没收等保全之扣押，但为确保可能被害人之利益，即使其之适用与没收等无关[③]；或依刑法第73条第1项后段被害人有返还请求权等而无法适用收夺时[④]，亦可仅基于被害人之利益适用之。较具争议的是：发动该条没收保全扣押规定之门槛，不需至有符合没收等客体存在之紧急的原因（dringende Gründe），而仅需具有符合刑事诉讼法

---

① 德国法有关扣押“物”的解释，并不限于有体物，通常均扩及财物及其财产上之一切利益。Lutz Meyer－Goßner, Strafprozessordnung: Gerichtsverfassungsgesetz, Nebengesetze und ergänzende Bestimmungen, C. H. Beck, 51. Aufl., 2008, §111b Rn. 4.

② Meyer－Goßner, a. a. O. §94 Rn. 2.

③ Meyer－Goßner, a. a. O. §111b Rn. 5.

④ 参阅德国刑事诉讼法第111条b第5项之规定。

第152条第2项有足够事实与犯行连结之关联性及确定程度之可能性的原因[①]（Gründe），即为已足。故针对前者，通常尚须在严守比例原则的前提下，方得在时间上以较不受限制之方式扣押[②]；而属于后者之该条规定，则明定无紧急的原因时，最迟应于6个月内被撤销，除非检察官基于：特别的困难；特别的侦查范围；其他重要的原因，得向法院声请延长之。若法院同意该声请延长之原因有继续存在之必要时，得延长之。但明文规定无紧急原因存在之没收保全扣押之时间，最长不得超过12个月。惟由于德国法没收等之客体十分多元，其衍生之财产上利益等亦极为广泛，且通常亦可能涉及嫌疑人以外第三人之财产，故不论是6个月或12个月实质上亦非属暂时性保全程序之短时间，故其发动之门槛，应更为严谨，方能兼顾侦查之利益与财产权之保障。其次，第111条c为对“物”的扣押（Beschlagnahme），其之客体包括动产（船舰、航空器等）、不动产（土地及其上之抵押权、地上权等）、债权等财产权益及拍卖品。但非为证据所用之应扣押物的当事人，若能以现金或债券等缴交相当于应没收物之价额[③]；或完成特定负担之命令[④]下，在诉讼结束前均可随时声请撤销扣押命令，以供当事人暂时使用。再者，第111条d为假扣押（Dingliche Arrest）之规定，当法院为执行没收、收夺之价额；或判决宣告后为执行罚金刑及可预期的诉讼费用时，可发布假扣押[⑤]。又假扣押应在起诉后由检察官声请或法院依职权发布之，且应严守比例原则，特别是当事人几乎全部之财产将被剥夺时，尤应审慎确认其之必要性。另法院为罚金刑或可预期的诉讼费用执行假扣押时，若该假扣押的抵押物（Pfandgegenstand）为其辩护费用、个人或家人的生活费用所必需时，被告可声请撤销之。最后，第111条e为上述发布扣押（第111条c）或假扣押（第111条d）命令的主体，原则上只有法院，紧急时检察官亦有权发布。但对于动产以外之扣押或假扣押，通常必须在1周以内声请法院补发命令[⑥]。另对于动产的扣押，紧急时检察署的侦查人员（检察事务官）亦有权发布扣押命令。当事人对

---

① Meyer - Goßner, a. a. O. § 111b Rn. 5.

② Meyer - Goßner, a. a. O. § 111b Rn. 8.

③ 此价额可由法院确认特定金额或与当事人共同协议之。Meyer - Goßner, a. a. O. § 111c Rn. 14.

④ 此特定负担之代价应与没收等之价额相当或稍低。通常确保安全的效能越低时，就越需要藉由负担命令强化执行扣押的安全。Meyer - Goßner, a. a. O. § 111c Rn. 15.

⑤ 该法明文规定，对于确保强制执行的费用及低于125欧元之价额没收等，法院不能发布假扣押命令。Meyer - Goßner, a. a. O. § 111d Rn. 6 - 7.

⑥ 此为德国刑事诉讼法第111条e第2项之规定。

于动产的扣押，随时都可向法院声请裁定。又检察署若在诉讼期间知悉有被害人时，应将执行扣押及假扣押事宜立即通知被害人，以确保被害人声请参与诉讼等之权益。

第六节　改善现行法缺失之刍议

一、明确扣押之目的与作用

传统的刑事扣押在性质上为对物之强制处分，其目的主要在于确保证据或没收执行之保全。因此，扣押除了证据保全之外，事实上尚有违禁物保全与财产保全。前者（违禁物保全）基于犯罪预防或社会安全之考量，本来就是没收执行之客体[①]，毫无疑虑应予扣押保全之，以免日后灭失或再为他人所用。后者（财产保全），基于损害回复之观点，必须优先发还予被害人；若有涉及其他善意第三人之财产权益，则亦须发还。此时，在观念及理解上，较值得重视的是：财产保全的射程范围，事实上已超过传统没收执行之保全，故从日、德比较法制之观点，亦可得知当前扣押的实质作用，并非仅为确保证据或没收执行之保全，而扩及被害人或犯人以外善意第三人财产权之保护。另财产保全之扣押，因与"宪法"保障之生存权、财产权、自由（使用财产）权等密切相关，执行或审查时应严守比例原则及确保相关第三人参与诉讼等之程序正义[②]。

二、区分扣押之客体与物的界限

台湾地区传统扣押的客体，仅简单区分为：可为证据之物或得为没收之物。然事实上该界线有时不易区分[③]。例如，实务上常有检察官或司法员警（官）搜索诈欺取财案件时，将嫌疑人所有之第三人存款账簿均予查扣。然此时该查扣物究系可为证据之物或得为没收之物或如同违禁物一般

---

① 除非该违禁物在特定持有人所有或持有时，已不具有违禁物之违法性。例如：医师依法持有之管制药物等。

② 我国台湾地区酌量财产扣押与日本没收（追征）保全及德国扣押、假扣押之主要差异，详如本章末附表一。

③ 另我国台湾地区亦有认为"得没收之物恒属证物，具有双重性质"之见解。朱石炎，刑事诉讼法（上），三民，2003年10月，页122。

兼而有之，即有疑虑。若扣押账簿的目的，系为企图达到冻结账户内金钱债权之目的，则应属缘木求鱼之举，有违法之虞。此乃由于传统刑事程序法之扣押客体，特别是证据物以外，得为没收之物的解释及内涵，事实上均与刑事实体法之没收或赃物之概念密切相关，而其多仅限于有形体呈现于外之（原）物或衍生之代替（财）物。然自联合国反毒公约制定20余年后，由于毒品犯罪、经济犯罪、贪污犯罪及洗钱犯罪等产出之巨额财产利益之存在方式及掩饰手法已日渐多元、复杂，迫使刑事特别法制之没收，已明显渐次扩及应没收（财）物所衍生之一切财产或其上之财产利益，而逐渐连带影响刑法之没收客体朝不再拘泥于财物之方向演变。因此，与没收相对应之财产保全之扣押，与证据保全之扣押有所不同，不应仅以有体物或原物为限，而应考量将扣押客体扩及债权等一切相关之财产权益；或建置类似得以冻结财物以外财产权益之程序法制及救济措施。

三、明定扣押之决定机关及促进无必要扣押物之发还

我国台湾地区“刑事诉讼法”虽无明定扣押之决定机关为法院，但参酌日、德相关法制，即使是紧急时具有非独立扣押权限之检察官，亦须在30日内提起公诉（日本）或当该紧急原因不存在时，通常亦需于6个月或最长12个月内撤销之（德国）。相较之下，由于我国台湾地区扣押物（包括刑事特别法的扣押财产及其上之一切利益等）既无最长时限之规定；亦无取代扣押财产之代替措施，仅有极为简略，且未充分重视当事人财产权益或诉讼利益之准抗告程序以资救济，显然不足。另有关扣押物之发还，通常必须具备已无留存之必要及无第三人主张权益之实体要件时，方能发还。然在程序上，对于侦查、起诉及审理各阶段之警察官、检察官及法官如何促其勇于任事，依法主动致力于被害人等之损害回复，则有待进一步制定相关之程序规定及配套措施。

四、完善禁止处分财产之执行及代替措施

当前台湾地区禁止处分财产之重要性在于：(1) 扣押客体通常不及于债权，但“洗钱防制法”内之扣押客体却扩及有形、无形之财产权益，不论学理解释及实务适用均显得格外混乱。(2) 传统刑事与民事法制之程序仍个别存在，刑事诉讼法制内有关财产权之处理（执行），并未导入太多及时有效之民事法制。例如：“民事诉讼法”之假扣押、假处分或强制执行法之查封等相关规定。“洗钱防制法”针对存款账户内之特定洗钱交易

制定禁止处分、最长时限及相关之救济措施，有其厘清扣押客体是否扩及债权；是否得以延长及最长时限等之意义及价值。日后，若能将行为客体扩及存款账户内洗钱交易以外之财产、明定法院于必要时得准以其他财产取代扣押财产之措施等，当能有别于财产扣押，逐渐完善建置类似大陆法系没收或追征保全规定之具有实（时）效之禁止处分。

五、改善冻结或发还警示账户内金钱债权之缺失

依“银行法”第45条之2第2项及第3项制定之“异常交易管理办法”，事实上已可能因：(1) 契约自由的精神；(2) 母法（“银行法”）之授权范围与目的；(3)“行政法”之受（委）任者不得再委任之法理，而有违法、违宪之虞。然若能在“银行法”内明定特定情况下得以解约之规定；以金融机构为警示账户之最终认定机构等，当可适度缓和可能违法、违宪之疑虑。其次，由于警示账户主要乃针对诈欺取财之刑事犯罪，非刑事专才之金融机构，仍有诸多必须仰赖，熟悉犯罪侦查程序之警调机关，故在实务上以第一线之司法员警机关作为警示账户之最初认定及发动刑事侦查程序之机关，应属妥适。惟在建立相关联防机制是否侵犯当事人财产权益及隐私权等，尤须加强内部之稽核机制及外部之审核机制。再者，警示账户之法律效果应该区分类型、特性及相关情况，制定明确的管制范围、期限、解除要件及代替已冻结金钱债权之救济措施。最后，在发还剩余款之方式，仍应视汇款出入情况区分类型、以专法或专门单位①明快处理，方能兼顾发还时效、正当程序及公平正义。

---

① 日本系以犯罪所用存款账户内资金支付被害回复分配金等之法律的专法及专责机构处理之。该法明定供犯罪所用存款账户的认定机构为金融机构；指定专责之存款保险机构处理诈欺取财之犯罪所得；犯罪所得若有剩余时，作为充实被害人支援活动或救济等使用。干场力，振り込め诈欺救济法に系わる全银协のガイドライン（事务取扱手续）の概要，金融法务事情，1840期，2008年7月，页12-17；田尾幸一郎，振り込め诈欺被害者救济法の概要，时の法令，1809期，2008年5月，页6-16；田尾幸一郎，犯罪利用预金口座等に系る资金による被害回复分配金の支払等に关する法律（平成19年法律第133号），自由と正义，59卷9号，2008年9月，页142。

附表一

我国台湾地区酌量财产扣押与日本没收（追征）保全及德国扣押、假扣押之主要差异：

	我国台湾地区酌量财产扣押	日本没收（附带）保全	日本追征（附带）保全	德国刑事诉讼法扣押（保全）	德国刑事诉讼法假扣押（保全）
法源依据	◆“洗钱防制法”§14 Ⅱ ◆“贪污治罪条例”§10 Ⅲ ◆“组织犯罪防制条例”§7 Ⅲ ◆“毒品危害防制条例”§19 Ⅱ ◆“人口贩运法”§35 Ⅱ	剥夺组织犯罪所得法§§22－41	剥夺组织犯罪所得法§§42－49	§§111b、111c等	§§111b、111d等
要　件	无法保全没收、追征、抵偿等	有相当理由足认为没收对象之财产时	有相当理由足认有碍追征裁判或追征执行时	执行收夺或没收之原因存在时	1. 执行价额收夺或价额没收存在时； 2. 无法支付罚金或诉讼费用时
执行或声请机关	仅“组织犯罪防制条例”明定为检察官	依检察官或公安委员会指定警正以上一定阶级者声请	仅依检察官之声请	原则上仅法院；迟疑有危险时检察机关（§111e Ⅰ前段），但若非动产时，7日内未经法院确认即失效	依检察官之声请
核发令状	搜索票（“刑事诉讼法”§128条）	没收（附带）保全命令	追征（附带）保全命令	扣押状（命令）	假扣押状（命令）
执行客体	财物或财产上利益	不动产、动产、权利及其他财产	相当于追征价额之财产	动产、不动产、船舰、航空器、债权	特定金额

续表

	我国台湾地区酌量财产扣押	日本没收（附带）保全	日本追征（附带）保全	德国刑事诉讼法扣押（保全）	德国刑事诉讼法假扣押（保全）
期　限	无明定	30日内未起诉即失效；依检察官声请每隔30日可更新1次	同左	6个月以内，可依检察官之声请延长之，但无紧急原因时，最长不超过1年	若有严苛刑罚或影响第三人权利之特定情况时最长3个月
发还或解除规定	无留存必要者（“刑事诉讼法”§142 Ⅰ前段）	缴纳代替金	缴纳解放金	针对扣押之动产，立即缴交相当之价额后发还；在保证安全或满足特定负担后声请暂时发还	通常在低于125元时不执行；若无法支付罚金或诉讼费用时，可以抵押物撤销
救济措施	抗告规定（“刑事诉讼法”第4编）	抗告规定（§52）	抗告规定（§52）	任何时间得向法院声请裁定（§111e Ⅱ）	

资料来源：作者自行整理。

附表二

日本“以犯罪所用存款账户内资金支付被害回复金等之法律”支付分配金程序之概要：

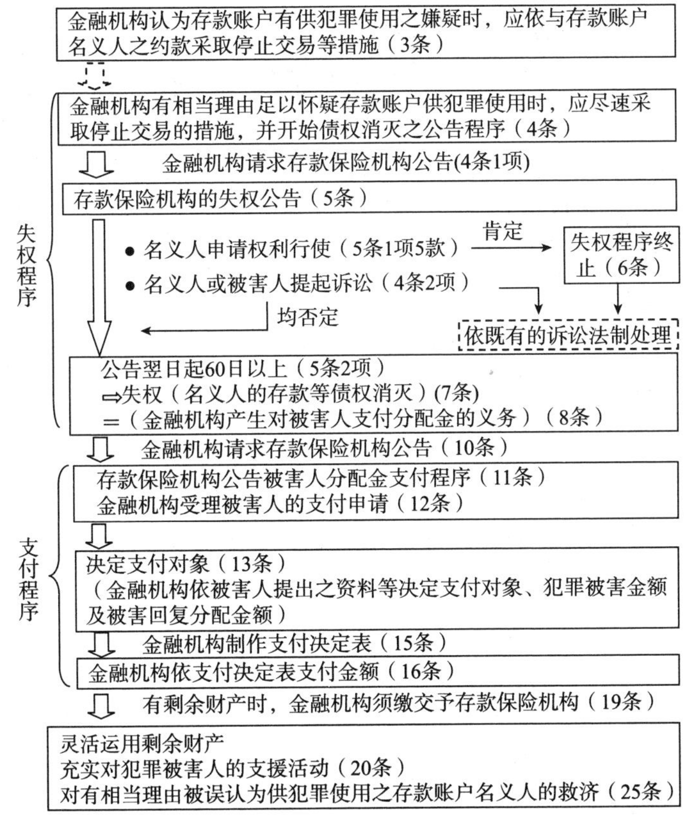

资料来源：研整自田尾幸一朗，犯罪利用预金口座等に系る资金による被害回复分配金の支払等に关する法律（平成19年法律第133号），自由と正义，59卷9号，2008年9月，页142。

附图一　联防机制通报架构图

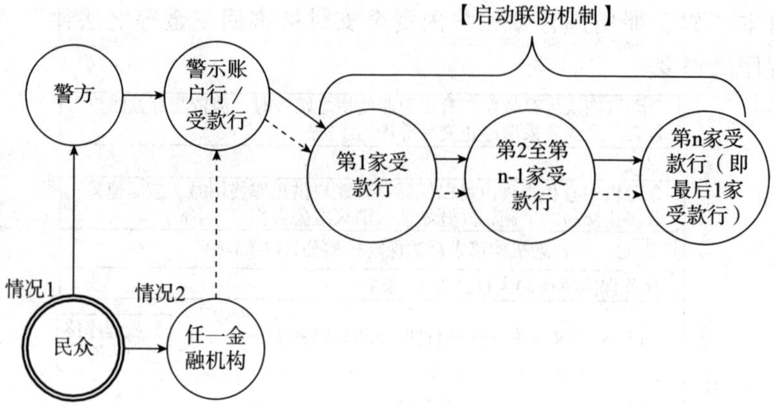

资料来源：金融机构办理警示账户联防机制作业程序。

附图二　警示账户联防机制作业程序流程图

一、存款账户经通报为警示账户所衍生之联防机制

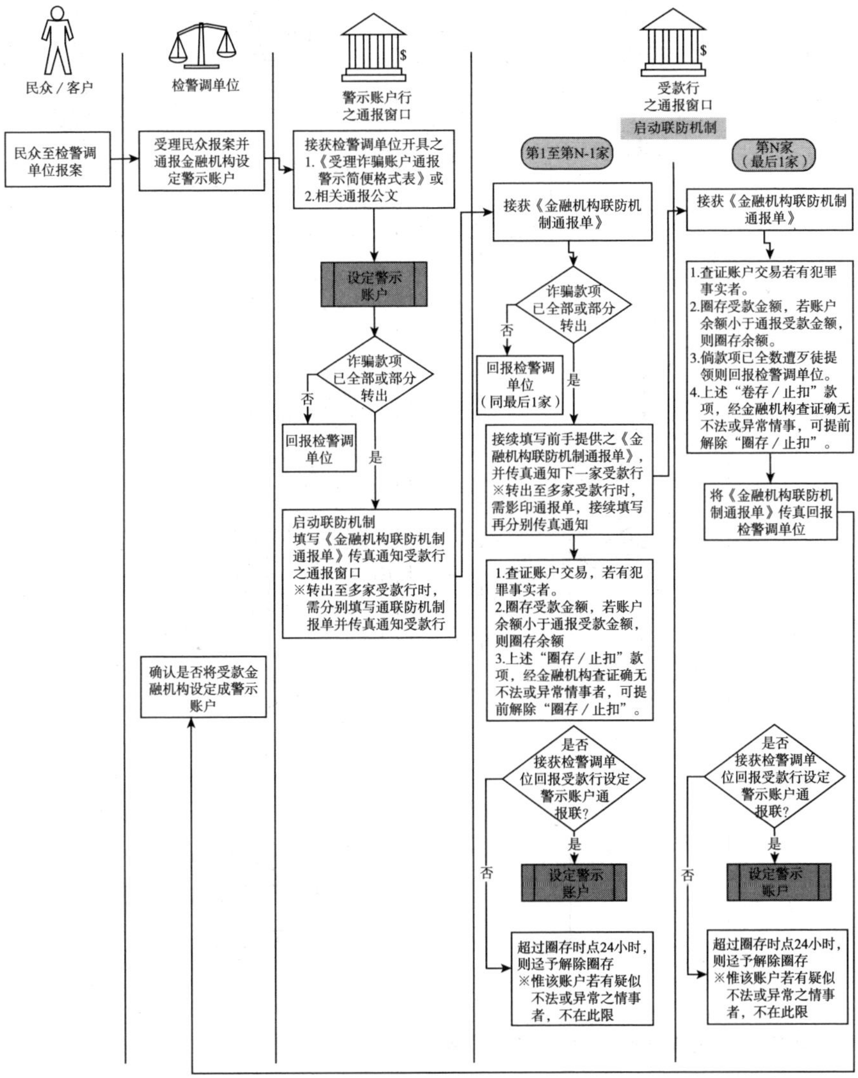

资料来源：金融机构办理警示账户联防机制作业程序。

附图三　警示账户联防机制作业程序流程图

二、存款账户经民众通知，疑为犯罪行为人使用衍生之联防机制

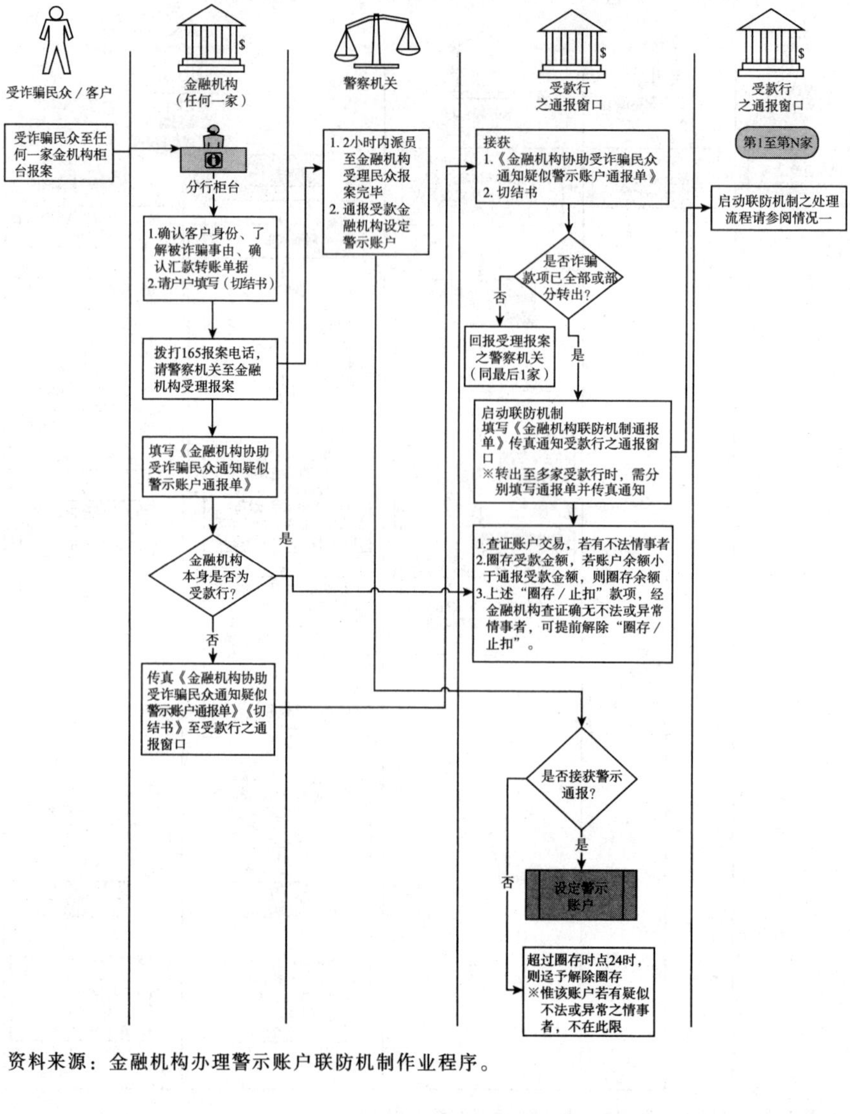

资料来源：金融机构办理警示账户联防机制作业程序。

第四章

被害人声请发还被扣押债票之程序与实体

——以“最高法院”2007年度台抗字第596号裁定为例

第一节 事实摘要①

台湾银行松江分行初级襄理陈××（通缉中）自2000年2月起利用职务之便，侵占原属中兴银行有偿委托该分行保管之政府公债等无记名有价证券309张（面额高达新台币117590万元）。嗣于同年5月9日该行实施例行业务稽核检查时发现上情，陈××乃由于事迹败露，急于同年5月10日潜赴大陆藏匿，行前续将所剩面额500万元之债票123张，委由林××，转托乙代为销赃变现。乙明知林××所交付之债票系陈××重大犯罪侵占所得之财物仍予收受，并即牙保戊寻觅买主。戊先委由己洽商庚代觅买主，而于同年5月10日，贩售面额500万元券40张予华侨商业银行（以下称当事人），得款215442006元。嗣后，戊再藉由庚之介绍认识丁，并经丁之协调、联系，于同年5月12日，持500万元券83张，至世华联合商业银行营业部，将之由实体公债转换为无实体公债（公债存折），以增加债票权利之可信度后，售予大华证券公司，得款452675501元。

高等法院认定戊、庚、己、丁等人均明知乙委托贩卖之债票，求售甚急，且无上手之交易资料，系属来路不明他人重大犯罪所得之财物，为贪图高额佣金，仍与乙共同基于牙保洗钱之犯意联络（丁仅就前述83张债票部分有共同犯意之联络），积极寻求买主，并约定佣金之分配，戊、庚（与己）、丁各4%，乙则为8%。

第二节 声请意旨

1. “法务部”调查局台北市调查处于2000年5月18日，为调查台湾银行松江分行行员陈××自盗公债乙案②，曾派员至声请人营业处所调查证据，并以办案需要为由而未持搜索票，请求调借声请人依合法程序所购

① 参阅台湾高等法院2003年度金上重更字第5号刑事判决。

② 该案于2007年10月25日，由台湾“最高法院”2007年度台上字第5712号刑事判决发回台湾高等法院更审中。

买之重大交通建设公债甲类第7期债票计40张，迄今未还。

2. 本案另一关系人大华证券公司同样持有陈××盗卖之公债中之一部分，惟据悉其未接获台北市调查处通知调阅，显见本案应无继续调阅及扣留声请人所有之上开公债之必要。

3. 抗告人于2000年5月10日购入系争40张面额500万元无记名公债票之前，除查验过公债票上暗记外，并已透过银行公债前置机器通报系统查证，并无挂失止付情形，始以善意购入该债票，自应将系争债票发还声请人，若如判决令被告等将犯罪所得财物发还给台湾银行，将更阻挠善意占有人之权利。

4. 抗告人系于台银挂失前善意购得该40张债票，况台银之挂失止付业已失效，该等债票遭扣留已逾5年，相关证据应早经调查完毕，且其金额共计高达新台币2亿元，因扣案致抗告人无法兑领债息，无端遭受严重损失，自应将之发还抗告人。

第三节　原裁定意旨[①]及本（抗告）裁定要旨

一、原裁定意旨

依“刑事诉讼法”第142条之规定，扣押物若为赃物，其发还之要件，除该扣押物已无留存之必要外，尚须无第三人对之主张权利，二者缺一不可。上开债票既属赃物，且业据台银主张其为所有权人，显已因不合“无第三人主张权利”之要件，而不得将之发还声请人，因认本件声请尚难准许，而予驳回。

二、本（抗告）裁定要旨

原裁定撤销，发回原法院更为适法之裁定。

抗告人华侨商业银行于请求发还上开债票之声请状内，即载明：该等债票40张，系台北市调处派员以办案需要为由，而向抗告人调借等旨，并提出该处调查员邱××于2000年5月18日出具之调阅物品清册复印件

---

① 原裁定日期为2007年8月31日，裁判字号为台湾高等法院2007年度声更字第11号刑事裁定。

一纸为凭；复于其不服原法院前次裁定[①]提起抗告时，陈明：上开债票系经调阅，并非依法扣押之扣押物等语。原裁定对于抗告人此项主张是否可取？及前揭债票若非属依法定程序扣押之扣押物，何以得引用“刑事诉讼法”第142条关于处置扣押物之规定，驳回抗告人之声请？均未置一词予以说明论述，遽行裁定，非无理由不备之违法。

第四节　问题争点

由于本裁定请求发还的扣押物为债票，面额共计已逾新台币2亿元，当时实际扣押期间已逾7年，当事人未能及时领取之债息损失已达8372800元（单利计算）或8420560元（复利计算）均相当可观。故对此可能被害人得否声请发还被扣押债票的程序及实体之研究，当能凸显下列极易被忽略的争点：(1) 调借（阅）的债票，是否为合法之扣押物？(2) 发还扣押物的程序要件为何？(3) 发还扣押物的实体要件为何？(4) 如何平衡司法诉讼的利益与其他可能被害人的合法财产权益？

第五节　评　析

一、调借（阅）的债票，是否为合法程序取得的扣押物？

本件当事人于2006年12月在台湾高等法院声请发还扣押物[②]时，声请意旨第一点即已指称：“法务部”调查局台北市调查处于2000年5月18日，为调查台湾银行松江分行行员陈××自盗公债乙案，曾派员至声请人营业处所调查证据，并以办案需要为由而未持搜索票，请求调借声请人依合法程序所购买之重大交通建设公债甲类第7期债票计40张。此有台北市调查处邱××出具之调阅物品清册复印件为凭。

首先，必须说明的是：并非所有未持搜索票（无票）的搜索行为均为违法搜索，而其所扣得之物，均属违法的扣押物。例如：“刑事诉讼法”

---

① 裁定日期为2007年4月26日，裁判字号为台湾高等法院2007年度声更字第5号刑事裁定。

② 裁定日期为2006年12月29日，裁判字号为台湾高等法院2006年度声字第836号刑事裁定。

第131条第2项，允许检察官于侦查中确有相当理由认为情况急迫，非迅速搜索，24小时内证据有伪造、变造、湮灭或隐匿之虞者，得迳行搜索，或指挥检察事务官、司法警察官或司法警察执行搜索，并层报检察长。同时，依同条第1项、第2项所为之搜索，若由检察官为之者，应于实施后3日内陈报该管法院；若由检察事务官、司法警察官或司法警察为之者，应于执行后3日内报告该管检察署检察官及法院。法院认为不应准许者，应于5日内撤销之。又对于上述依同条第1项、第2项所为之搜索执行后，未陈报该管法院或经法院撤销者，审判时法院得宣告所扣得之物，不得作为证据①。故应先厘清本件扣押债票是否符合“刑事诉讼法”第131条第2项或第3项所为之合法紧急搜索所扣得之债票？对此，本件被害人台湾银行系于陈××潜逃出境之次日（5月11日）向调查局台北市调处报案，并于再次日（5月12日）下午通报银行挂失系争债票，亦请检察官函请相关行库查扣相关账户②。然本件发生于5月18日，已不具时间上的紧凑性；且相关卷证资料亦无检察官或司法警察所为紧急搜索后，应于3日内呈报法院或检察官之报告，故本件应非紧急搜索，其所扣之债票依法不得作为证据③。但问题是：台湾地区对决定扣押的主体机关，在“刑事诉讼法”内并无明文的规定④，受处分人究应向何单位？如何依法声请发还扣押物？相关规定并不完备。针对本件债票，若为被撤销的紧急搜索，法院似可于裁定时，谕知发还扣押物⑤。但由于本件债票的扣押主体为司法警

---

① “刑事诉讼法”第158条之4规定：“除法律另有规定外，实施刑事诉讼程序之公务员因违背法定程序取得之证据，其有无证据能力之认定，应审酌人权保障及公共利益之均衡维护。”故违法搜索所得证据是否排除，仍须依相关状况客观认定之。

② 参阅台湾高等法院2003年度金上重更字第5号刑事判决。

③ 依“刑事诉讼法”第416条第2项之规定，搜索经撤销者，审判时法院得宣告所扣得之物，不得作为证据。然审判实务的实际状况，法官仍须于个案审理中，斟酌：（1）违背法定程序之情节；（2）违背法定程序时之主观意图；（3）侵害犯罪嫌疑人或被告权益之种类及轻重；（4）犯罪所生的危险或实害；（5）禁止使用证据对于预防将来违法取得证据之效果；（6）侦审人员如依法定程序有无发现该证据之必然性；（7）证据取得之违法对被告诉讼上防御不利益之程度等各种情况权衡之。此为2002年修法之立法理由。林俊益，刑事诉讼法概论（上），学林文化，2004年11月，页317－318。相关判决，参阅台湾“最高法院”2007年度台上字第6682号刑事判决、台湾“最高法院”2007年度台上字第5508号刑事判决。

④ 林钰雄，警察之扣押权限，月旦法学杂志，78期，2001年11月，页14。论者有谓：“基于明确性原则，日后修法有必要加以修正。”黄朝义，刑事诉讼法，一品文化，2006年9月，页226。但亦有认为：“扣押之声请机关，及其决定机关或其执行机关，均与搜索相同。”林国贤、李春福，刑事诉讼法论（上册），三民，2006年1月，页389。

⑤ 柯庆贤，论修正之搜索及扣押，法学评论，67卷7－9期，2001年9月，页15。

察，并非检察官或法官，受处分人亦无法适用“刑事诉讼法”第416条之规定，声请所属法院撤销或变更之。故若如本事件之司法警察无法主动发还，究应如何处理及救济[①]，应有深入探求之余地。

其次，由于台湾地区并无独立的扣押令，故在立法上乃以搜索票上概括记载应扣押物等方式，取代扣押令。事实上不仅在概念上混淆搜索与扣押的问题；在作为上因其乃为较简略或怠惰的立法，容易促使执法人员为求绩效便宜行事而滥行扣押。且由于“刑事诉讼法”第131条之1允许同意搜索[②]，故衍生出是否可经由当事人同意后，依“刑事诉讼法”第133条第2项执行命令扣押或依“刑事诉讼法”第138条执行强制扣押[③]的问题。然就本件扣押债票而言，司法警察人员并无征得当事人同意后进行搜索，并记载于笔录。而系以办案需要为由，请求当事人调借系争债票。此时，司法警察人员虽有可能以强制搜索或强制扣押为后盾，迫使当事人识相一点；最好能自觉该不得不为或难以拒绝的情况因素后，自愿配合采行较为省事、简便的同意自行交付债票，而使其能顺利取得系争债票。对以此种方式取得债票之作为，可否在解释上归纳为合法程序取得的扣押物？颇具争议。

1. 本件以调借方式取得债票的形式，虽与“刑事诉讼法”第143条之同意扣押相近；但实质上却有凭借“刑事诉讼法”第133条第2项命令扣押之强制性的疑虑。对此，论者有谓：“刑事诉讼法”第133条第2项“提出命令”较精确的用法应为“命令提出”。例如：“在侦查或审判中，检察官或法院函请调阅户政机关有关被告之户籍口卡，或电信机构有关被告在某段期间电话通联纪录，或金融银行机关有关被告之户头资金往来明细等，或于犯罪现场所遗留之证物，经命留存者，均属‘命令提出’之性

---

① 认“此乃立法疏漏，虽无准用准抗告之规定，然解释上，应类推适用第416条第1项第1款准抗告之规定。”林国贤、李春福，刑事诉讼法论（上册），三民，2006年1月，页365。认应依“刑事诉讼法修正草案”第416条之2规定：“受执行人不服检察事务官、司法警察官或司法警察之处分，得向该管法院声请撤销或变更之。”修法解决之。林俊益，刑事诉讼法概论（上），学林文化，2004年11月，页318、320。

② 有关对于台湾地区“刑事诉讼法”第131条之1同意搜索之质疑，参阅黄朝义，刑事诉讼法，一品文化，2006年9月，页215－216；蔡墩铭，无票搜索扣押，台湾本土法学杂志，66期，2005年1月，页168。有关美国法对同意搜索的要件，参阅王兆鹏，搜索扣押与刑事被告的宪法权益，元照，2003年3月，页142以下。

③ 在论理上决定此二种扣押的主体机关应该为法院或检察官。其之执行方式虽有所不同，但却是一体两面、相辅相成。亦即当事人若不吃敬酒（命令扣押）时，即有可能以罚酒（强制扣押）相待。

质。"[①] 针对该实务上的见解，个人以为：(1)"刑事诉讼法"第133条第2项"命其提出或交付"、第143条"任意提出或交付"与调借（或调阅）之用语显然有别，在强制性质的程度上更是存在明显差异，故在适用法条的实务上，应该不能将其之强制性均等同视之而任意混淆适用；(2)"刑事诉讼法"第133条第2项提出命令的主体为检察官或法官，与本件系争债票由司法警察官所提出，有所不同，无法援用。

2. 台湾地区法制并无明文制定独立扣押令的规定；同时，既无准许司法警察有独立的扣押权[②]，亦无类似"刑事诉讼法"第416条得以提起准抗告之救济规定[③]。因此，就现行法制而言，本件系争债票之取得，纵具有扣押之合理根据[④]，但仍难谓依合法程序所为之扣押物，故理论上似乎无法适用"刑事诉讼法"第142条（以下称"本条"）请求发还扣押物之理。

3. 针对上述结论，在法理上似乎可以做如此解释，然在实务上，当事人理应请求调借之司法单位迅速归还，然若该单位视其为扣押物，认为仍有办案需求，且已随卷证资料移送其他相关单位处理时，当事人除提起民事诉讼外，是否尚可在刑事诉讼的范畴内得以救济，应有再深入探求之余地。其中，"刑事诉讼法"第143条后段规定，"所有人、持有人或保管人任意提出或交付之物，经留存者"，设有准用"刑事诉讼法"第139条至第142条之规定。因此，本件债票虽非属依合法程序所扣得之扣押物，然其结果毕竟是让司法（警察）机关取得持续占有该物的强制处分，故在合于执行任意扣押的必要性及相当性的前提下[⑤]，应可实质视为"刑事诉讼法"第143条之留存物，而准用本条之规定声请发还扣押物。

---

① 林国贤、李春福，刑事诉讼法论（上册），三民，2006年1月，页399。

② 林俊益，刑事诉讼法概论（上），学林文化，2004年11月，页339。相关缺失及修法建议，参阅黄朝义，刑事诉讼法，一品文化，2006年9月，页227-228。

③ 黄朝义，刑事诉讼法，一品文化，2006年9月，页219。

④ 判断无令状扣押合理根据的具体标准可区分为：(1)由发现物本身得知；(2)由发现物存在的方式、状态得知。许泽天，刑事诉讼法论Ⅱ，神州，2003年8月，页144-145；参阅林钰雄，迳行搜索与扣押之合理依据，台湾本土法学杂志，28期，2001年11月，页106。

⑤ 田口守一，刑事诉讼法，弘文堂，2007年2月，页94。

二、发还扣押物之程序要件为何？

依“刑事诉讼法”第 133 条第 1 项之规定：“可为证据[①]或得没收之物，得扣押之。”然本件系争债票虽为留存物，并非扣押物，然其之所以有留存之必要，乃由于其除具有属于赃物的性质外，尚有可为他人犯罪证据之物的理由，此点实际上是与扣押物相同的。故在准用本条第 1 项规定之际，首先，在受理机关方面，由于本项扣押物之发还仅能藉由法院的裁定或检察官的命令而发还，益证台湾地区司法警察并无独立扣押的权限。此若与“刑事诉讼法”第 416 条第 1 项第 1 款准抗告的内容相对照，亦可得到相同的结论。因此，针对本件留存物被视为扣押物而准用扣押物之发还，在侦查中应由检察官以命令发还之；审判中应由审判长或受命（受托）法官以裁定发还之。本件当事人当初向该扣押物案件之系属法院台湾高等法院提起抗告，高等法院亦予受理及裁定，程序上毫无疑问均为适法行为。

其次，在声请人之适格主体方面：本条第 1 项声请人是否为适格主体而能成为发还扣押物的对象，基于本条利于损害回复的立法目的，依本条第 1 项前段的内容，并未明载声请发还扣押物者适格主体的对象，故通常多以受处分人为对象[②]；后段的内容，因将扣押物的客体明定为赃物，故在符合本条：第一，无留存之必要；第二，无第三人主张权利者，明文发还适格主体的对象为被害人。而此所谓的“被害人”在理解上应属扣押物相关刑事案件之被害人，至于是否为直接被害人、间接被害人或仅能为单数、复数的被害人等，法条本身并未言明，相关文献亦鲜有探究。另本法第 2 项暂行发还的适格主体则明文规定为该扣押物的所有人、持有人、保管人，并不包括债权人[③]，但应扩及被扣押物所有权、物权等受有损失之被害人[④]。兹以我国台湾地区刑事法制与学理较常被引用的日本、德国文献为例，剖析本条第 1 项之适格主体如下：

---

① 可为证据之物是否须限于“可为证明被告有罪之证据之物”？台湾地区实务采否定说。亦即除有罪之证据外，无罪之证据亦得扣押之。林俊益，刑事诉讼法概论（上），学林文化，2004 年 11 月，页 336；许泽天，刑事诉讼法论Ⅱ，神州，2003 年 8 月，页 140。

② 冈部泰昌，刑事诉讼法 123 条 1 项による押收物还付の还付先，判例时报，1361 号，1990 年 12 月，页 231。

③ 参阅台湾高等法院 2003 年度金上重更字第 5 号刑事裁定。

④ 本条第 2 项虽未明言声请人适格主体包括被害人，但若有妨害扣押物之所有人、持有人、保管人行使相关合法财产权益时，在理论及实务上即可视其为被害人。

（一）日　本

日本刑事诉讼法第123条第1项（发还留置物）与第124条第1项（发还扣押赃物）之内容，可谓与我国台湾地区“刑事诉讼法”第142条第1项的内容相当。前者（第123条第1项）对于声请发还扣押物者适格主体的对象与我国台湾地区相同，并未有明文的规定。学理上主要有：实体的权利者说及受（扣押）处分者说两种不同见解的对立。其中，受处分者说为学界的通说，亦为实务界（判例）所支持[①]。惟若受处分者认为没有回复损害的必要，而放弃发还请求权时；或受处分者因失踪、死亡且无继承权人而无法发还时，亦可发还予受处分者以外的第三人[②]。后者（第124条第1项）与我国台湾地区相同，亦明文规定被害人为发还扣押物者适格主体的对象。但不同的是，该项后段则特别强调：该扣押物相关的刑事案件尚未终结时，法官仅能在应该发还予被害人的理由明确，且询问过检察官、被告或其辩护人之意见后，方能裁定发还被害人。并未有将被害人局限于直接、间接、单数或复数的被害人等之法条内容或学说见解。另第124条第2项亦明定前项扣押赃物应发还被害人的对象有疑虑时，应循民事诉讼的程序厘清之，不应妨害利害关系人对其权利之主张。

（二）德　国

德国刑事诉讼法第111条k与我国台湾地区或日本相关规定差异颇大。该规定首先借用第94条及第111条c第1项说明扣押的客体为可为证据或没收之物（包括驾照）及扣押财物[③]（bewegliche Sache）的意义。其次，明文扣押物在诉讼上的目的不再需要时，应发还予经由该犯行而被剥夺财物的被害人。再者，由于声请发还扣押物之对象，多以发还予最后保

---

① 渡辺咲子，大コンメンタール刑事诉讼法（第2卷），藤永幸治（ほか）编，青林书院，1994年10月，页426；西森政一，押收物に対する民事保全について，判例タイムズ，994号，1999年4月，页11；河上和雄，谁に押收物を返せば良いのか—押收物の还付处分の相手方—最高裁平成2年4月20日第3小法庭决定（刑事法判例时评－66－），判例タイムズ，724号，1990年6月，页83。

② 参阅最高裁平成2年4月20日决定，刑集，44卷3号，1990年12月，页283；河上和雄，谁に押收物を返せば良いのか—押收物の还付处分の相手方—最高裁平成2年4月20日第3小法庭决定（刑事法判例时评－66－），判例タイムズ，724号，1990年6月，页82－85。

③ 德文“bewegliche Sache”在字面上似乎翻译为“动产”较为相近，但考量德国刑事诉讼法实质可以扣押的客体并非以动产为限，亦包括土地等其他财产权益，故在此翻译为包括财产上利益在内之（广义的）财物。

管持有人为原则（Grundsatz der Rückgabe an den letzten Gewahrsamsinhaber）[①]。本法条明文发还对象只有已知的被害人，因与上述原则不符，被视为例外的特别规定（Sonderbestimmung）[②]，而其依法适用的结果，并非终局解决非法来源财物的问题，仅是确立一种暂时占有状态的规则（nur eine vorläufige Besitzstandsregelung）[③]。最后，在学理解释上，本法条“被害人”的定义，系指经由犯行直接被剥夺财物者而言。因此，该物占有权人若非实施犯行当下直接失去占有物者，理论上即非本法条意义之被害人[④]。同时，本法条扣押“物”的客体，系仅指经由犯行直接归向犯人占有之物[⑤]，亦即犯人自犯行直接取得之财物（unmittelbare Tatbeute）[⑥]。

综上，根据上述我国台湾地区及日本刑事诉讼法相关规定，赃物的发还对象虽明定为被害人，但对于声请（抗告）人是否为适格主体的被害人，就法条字义及学说解释均未限定为直接被害人或直接被害财物，亦未有仅限于单一或复数被害人之规定或解释。因此，当事人（特别是受处分人）只要对系属案件之扣押物提出初步权利之依据或佐证时，并不会因其非适格主体而不予受理或不予发还。仅会因该扣押物相关之民、刑事案件或因财产权争议尚待厘清或因相关证据仍须调查等而难以发还。至于，德国法的学说见解，由于刑事诉讼法第 111 条 k 只是为确保犯行直接被害人所确立的一种暂时占有状态，因此在本案例中，非符合德国刑事诉讼法被害人定义之华侨银行，并非依法提出声请之适格主体，故无法请求发还扣押物。惟就实质被害人损害回复的观点，日后若法院将该债票发还台湾银行，暂且不论本案原始直接被害人为中兴银行，而非台湾银行（原保管债票者）之适格主体的问题。单就结果而论，若华侨银行确系善意取得该债票，渠实质上已成为本案最大的被害人，该结果并非事理之平，恐有违本条立法目的或无法彰显司法正义，究应如何防止错误发还或建构民事救济法制等，均有再探求之余地。例如，增订类似上述日本刑事诉讼法第 124 条第 1 项法院仅在应予发还被害人之理由明确时，可在案件终结前听取检

---

① Kai Lohse, Strafprozessordnung Anwaltkommentar, Deutscher Anwaltverlag 2007 § 111k Rn. 1.

② Lohse, a. a. O. § 111k Rn. 1; Armin Nack, Karlsruher Kommentar zur Strafprozessordnung und zum Gerichtsverfassungsgesetz: mit Einführungsgesetz, C. H. Beck, 5. Aufl., 2003 § 111k Rn. 1.

③ Lutz Meyer - Goßner, Strafprozessordnung: Gerichtsverfassungsgesetz, Nebenge - setze und ergänzende Bestimmungen, C. H. Beck, 51. Aufl., 2008, § 111k Rn. 1; Lohse, a. a. O. § 111k Rn. 1.

④ Meyer - Goßner, a. a. O. § 111k Rn. 5.

⑤ Meyer - Goßner, a. a. O. § 111k Rn. 7.

⑥ Lohse, a. a. O. § 111k Rn. 4.

察官、被害人、声请人或其他利害关系人之意见后裁定发还之程序规定；或研拟类似德国刑事诉讼及秩序罚诉讼程序之指导原则（RiStBV[①]）第75条第3项之规定，授权检察官给予第三权利人明确期限（如：2周）的机会，以利其能提出相关权利的佐证。若第三权利人无法在期限内提出权利的证明，则将发还予扣押前最后的占有人或其指称的他人[②]。

三、发还扣押物之实体要件为何？

依本条第1项的规定，应予发还扣押物的实体要件必须兼具：（1）已无留存必要；（2）无第三人对其主张权利[③]。

前者（有无留存必要性），从本件系争债票的赃物属性得知，本件留存的必要性，除可为他人犯罪之证据外，似乎仍有确保日后得以发还被害人的目的。然由于本件系争债票相关的侦查、审理，已历经8年有余，相关证据之调查或取舍等，应已调查完毕，似无继续留存之必要。又若即使有留存之必要，由于攸关当事人长期间财产权益之损失，是否可以基于必要性及比例原则之考量，准许提供担保后发还之类似民事假扣押的做法[④]，应有斟酌的必要。

其次，声请意旨第二点指摘：本件另一关系人大华证券公司同样持有陈××盗卖之中央公债中之一部分，但既未接获台北市调处通知调阅，亦未被扣押，显见本案应无继续调阅及留存声请人所有之上开公债之必要。然除当事人直接取得系争无记名债票的过程与大华证券公司在该批债票经转换为记名之无实体公债后间接取得的过程有所不同外，最主要的原因并非司法人员差别待遇；或该当事实足以说明该批债票无留存或扣押的必要，而系台湾地区扣押基本上仍限于有体物的特性，对于大华证券公司所

---

① 德文全文名称为：Richtlinien für das Strafverfahren und das Bußgeldverfahren（2008年1月1日版）。

② Vgl. Lohse, a. a. O. § 111k Rn. 5；Nack, a. a. O. § 111k Rn. 6.

③ 此外，通常被认为不能发还的理由尚有非属没收之物，本件因涉嫌违反“洗钱防制法”而遭扣押债票之案件，由于系争债票被法院初步认定具有赃物性质；且依据“洗钱防制法”第14条第1项规定，犯洗钱罪者，其因犯罪所得财物或财产上利益，优先发还被害人或第三人者，故为非属没收之物而不能发还。惟属没收物者，理应归属国库，本来就不应该发还，反之，非属没收物者，理应发还被害人或第三人者，而本件不能发还的主因，乃在于发还对象究竟为何人的问题，本质上同有无第三人主张权利，故在此未单独列入讨论。

④ 日本相关法制及论理，参阅西森政一，押収物に対する民事保全について，判例タイムズ，994号，1999年4月，页12－13；德国相关法制及论理，参阅 Meyer－Goßner, a. a. O. § § 111d－111f。

有之无实体公债，事实上是无法扣押[①]，而非未予扣押及无调查之必要。

后者（有无第三人主张权利），本案发生后该系争债票原所有人中兴票券公司在得到台湾银行松江分行依双方签订之“保管有价证券契约书”赔偿 1135597241 元后，已将该债票所有权让予台湾银行松江分行[②]，故该分行得主张对系争债票拥有所有权。因此，本件债票无法发还的主要理由，应为系争债票的发还对象仍有争议，故无法在相关案件终结前发还之。其次，针对本件当事人是否为善意取得，而得主张为所有权人？由于当事人本身亦为金融机构，购买系争债票时虽不知其上手交易资料（来源），然亦有查验债票上之暗记，并透过银行公债前置机器通报系统查证其并无挂失止付情形而迳行购入。该交易方式及交易价格是否合于债票交易市场的常情？台湾银行松江分行在挂失止付上是否与有过失等，均有详查确认之必要。然高等法院对此亟待查证事项，大多以相关民、刑事案件之判决已经提出或尚未确定，即以本件系争债票仍有疑虑，倘予发还将衍生日后之争议，故认应不宜发还。如此一来，本条第 1 项后段发还扣押物的规定，只要该被扣押物具有赃物之属性，且其可能发还对象的被害人或所有权人尚有疑虑，特别是相关刑、民事诉讼尚未最终确定时，极难期待该扣押物的发还。而在扣押物无法区分或切割，且有复数被害人（受处分人与所有权人非同一时；或因该物之物权、债权与所有权分属多人时）主张其合法财产权益时，其援引本条第 1 项的诉讼利益将难以确保，而使该规定流于形式，难以发挥更大之实质作用。

四、如何平衡司法诉讼的利益与其他可能被害人的合法财产权益？

前述本件系争债票基本上并非属于犯罪所得之物而为没收之客体；至多仅是戊、庚、丁等（非本案当事人之华侨商业银行）犯罪之证据，目的在于保全证据（防止湮灭）及以利诉追[③]。该证物对于初期的司法侦查及审判，应有其利于犯罪侦查或遂行诉讼审理的重要性，故有继续留存或扣押的必要性。惟基于保护其他可能被害人合法财产权益的立场，相关的刑事案件历经多年悬而未决；原始被害人所提共同侵权行为的民事诉讼，在

---

① 台湾高等法院 2006 年度声字第 836 号刑事裁定；台湾高等法院 2007 年度声更字第 5 号刑事裁定。

② 台湾高等法院 2007 年度声更字第 5 号刑事裁定。

③ 林钰雄，刑事诉讼法论（上册），元照，2005 年 9 月，页 370；许泽天，刑事诉讼法论Ⅱ，神州，2003 年 8 月，页 140。

事实认定方面往往在相当程度上必须依赖刑事判决，且非短时间之内得以厘清相关的民事侵权行为责任，故对其他可能被害人是否确为被害人的认定等，亦非易事。故在相关刑、民事诉讼尚未有确定判决的情况下，法院为确保证据之调查以利相关诉讼之遂行及日后扣押物（赃物）得以发还合法（真正）被害人之最终目的，在审判实务上难免限于人力、体制及时间压力，选择较易处理的方式；亦即对于声请理由采取重点式的稍加调查（非详细调查）后，遽行驳回声请发还扣押物。此结果必然会迫使当事人必须多次向台湾“最高法院”提起抗告，方能因应高等法院的一再驳回[①]，致使当事人除饱受讼累及可能的合法财产权益日益损失外，亦在相当程度上更加耗费珍贵的司法资源。

因此，针对类似本件系争债票当事人，虽有可能因不知情收受赃物而成为善意的第三人时，其与本条第1项后段“应发还被害人”在意义上略有差异，但并非完全背离可能“被害人”的范畴。况且，我国台湾地区并无德国法有关声请发还扣押物适格主体的学说解释，故本件当事人至少以受处分人的身份应有声请发还扣押物的请求权。另当事人购入本件系争债票的价额及票息损失所费不赀的情况下，基于司法正义的立场及兼顾平衡司法诉讼的公共利益与其他可能被害人的合法财产权益时，受理法院仍应该积极展开调查后，审慎评估：(1) 是否确实有碍于相关刑、民事诉讼的遂行及阻碍该债票日后发还被害人（合法所有人）的情况？(2) 该情况所欲维护的被害人利益是否与当事人财产权益的损失有所冲突或不符比例原则。否则，由于台湾地区司法侦查单位尚有以调借混淆扣押等便宜行事的作为；且司法审判人员囿于时间、工作压力及客观上对于裁定事项，较习于流于形式的实体认定等综合因素，容易轻忽审理发还扣押物的程序要件。又针对判断声请理由的实体要件亦多有未能充分详细调查、厘清争点的情况，短期内似乎难以导正，而易产生不利于其他可能被害人财产权益的结果。

综上，针对本件系争债票的最终解决方案，笔者浅见以为：在程序上若不能从宽合理解释本件系争债票为留存物而准用发还扣押物的规定时，司法警察机关理应先予归还。又为彻底改正执法机关滥用职权、便宜行

① 依“刑事诉讼法”第413条之规定，抗告法院认为抗告有理由者，除应以裁定将原裁定撤销外，亦可于有必要时，自为裁定。但何谓必要时，相关法律并无明定其内涵，故在实务上自为裁定的情况极为鲜见。

事，而从严解释否认其为留存物时，司法警察机关更应先予归还，并追究可能的国家赔偿责任，方能改正陋习。又在实体上若将留存物视为扣押物时，检察机关亦应本于"刑事诉讼法"第318条第1项的规定，厘清相关争点后不待当事人请求发还之。又针对本件系争债票台湾"最高法院"业已第3次发回，发回前是否有深入考量高等法院一再驳回所维护的诉讼利益与当事人多年来财产权益损失间的法益权衡及比例原则？若然，似有在依"刑事诉讼法"第413条撤销原裁定发回高等法院更为裁定时，慎重考量该条后段"于有必要时，并自为裁定"之意涵[①]。否则，对当事人而言，只是时间、精力的耗费，一切均须再度回到向高等法院声请发还扣押物的原点，既无益于问题的解决，亦无法降低财产的损失。另对于本件当事人虽受限于相关法制的不备及侦查、审判实务的现况，若执意仍以本条第1项的规定持续声请发还，恐亦不符合其之利益。故在诉讼策略上应可以迂回方式援引本条第2项之规定请求暂行发还，方为当前避免过度损失的最佳作为。同时，由于该规定仅系针对系争债票所为之暂时发还[②]，在民事诉讼上或许由于持有人（占有人）的身分而能略微取得优势，但不至于影响法院日后将该债票发还予合法之被害人，故应可获得法院准予暂行发还之裁定。

第六节 结 语

针对本件长时间留存高额系争债票的问题，由于当事人系依本条第1项之规定，多次声请发还扣押物。在论理上，首先必须厘清该债票，究竟是否为扣押物或留存物，否则无法援引该条规定而请求发还，此为台湾"最高法院"第3次发回的主要理由。但较为吊诡的是：实务上若司法警察以办案需求之名，非依法定程序取得之调借物后，公然将其视为"扣押

---

① 对此，相关文献极为少见，相关的实务判决似乎尚未存在。日本在学说上有下列见解：基于实体上的理由，论述原裁定的准驳时，有进一步说明之必要时，原则上可自行裁定；基于程序上的紧急性等见解，认为有自行裁定之必要时，亦可自行裁定。滝沢诚，最新重要判例评释（114）捜查机关による押收处分を受けた者の还付请求权押收物の还付请求却下处分に对する准抗告に理由がある场合に准抗告裁判所がすべき裁判—最一小决平成15.6.30刑集57·6·893、裁时1343·205、判时1833·160、判タ1129·129，现代刑事法，6卷7号，2004年7月，页84。

② "刑事诉讼法"第318条第2项明文规定："依第142条第2项暂行发还之物无他项谕知者，视为已有发还之裁定。"

物”不予归还，竟然尚能移送地检署，进而再由管辖法院多次进行审理，实是匪夷所思。此除凸显司法警察之长官或检察官未进一步主动退还当事人该“扣押物”外，职司审理裁定的高等法院法官及审理抗告的“最高法院”法官等前后5次，在当事人多次指摘该问题时，竟然皆未予重视或说明，迳行驳回声请或撤销裁定，极易令人对实务界处理发还扣押物的问题，产生流于形式，以至于疏于体察本条致力于回复被害人损害的立法主旨。因此，针对日后搜索、扣押、留存所得之犯罪证据或犯罪所得必有日渐增加及多元化的趋势，扣押、留存的客体有可能是嫌疑人或被告以外他人所有的高额有价证券、公司营运的重要账册、高价精密的电子、机械工具或联结车、渔船等，如何依法迅速发还，自有其“宪法”及“刑事诉讼法”上的重大意义。故本书针对台湾“最高法院”第3次发回原审法院之裁定要旨，强调如何在法制面上完善搜索及扣押制度，明确制定扣押的决定机关，及早确立发还扣押物的程序及实体要件与建构减少被害人损失及利于回复损害的学理探讨，借以引起各界对本研究课题的重视及回响，应有其之必要性、迫切性及重要性。

第五章

扣押与发还证券交易存款债权之理论与实务
——以“最高法院”2008年度台抗字第185号裁定及台北地院2009年度声字第962号裁定为例

第一节　事实摘要[①]

1. 被告王××为东森集团总裁，为图自己不法之所有，隐匿美商凯雷集团（Carlyle Group）将以每股新台币（下同）32.5元收购东森媒体科技股份有限公司（又称为“旧东森媒体公司”或“前EMC公司”）股权之讯息，由其掌控之再抗告人东森得意购股份有限公司（下称“东森得意购公司”）及东森购物百货股份有限公司（下称“东森购物公司”）联名先后于2006年3月底、同年4月28日，向张××等股东发出收购股权要约，宣称愿以每股20元之价格收购“旧东森媒体公司”股权，致张××等股东陷于错误，同意以每股20元（零股以9折计算，每股18元）出售股权，计透过该两家公司收购张××等股东持有之“旧东森媒体公司”股份808372股及18169674股，再以每股32.5元之价格，转售予凯雷集团设立之盛泽股份有限公司，犯罪所得达616786495元[②]（第一审裁定以每股价差12.5元计算，认获致不法利益为237330383元）。

2. 王××系亚太固网宽带股份有限公司（下称“亚太固网”）常务董事，复为东禾媒体股份有限公司（下称“东禾公司”）之实际负责人，竟于亚太固网于2006年3月至6月间出售Cable Modem业务予东禾公司时，与王又×、王金×、王令×迳以修订契约条款之方式，致亚太固网对于买卖总价金查核计算标准无从置喙，使最终交易价格变成2254294000元，远低于亚太固网董事会原先决议之3229256002元，为东禾公司图得价差974962002元不法之利益。而东禾公司原为“旧东森媒体公司”百分之百转投资之子公司，故图利东禾公司等同于图利“旧东森媒体公司”，而盛泽公司所持67.37%“旧东森媒体公司”股份系向王××购买，据此计算其背信之犯罪所得为656831900元。

3. 王××与凯雷集团即投资人荷兰商PX Capital Partners B.V.公司之股权买卖合约与亚太固网与东禾公司之Cable Modem业务买卖契约两者之

---

① 相关事实摘要，参阅文末附表一。

② 一审采差额扣除法，若未配合零股以9折（18元）计算，犯罪所得应为：（32.5－20）×（808372＋18169674）＝237225575元，与一审裁定犯罪所得237330383元，相差114808元；二审则完全未考虑差额及零股买价，概算犯罪所得为：32.5×（808372＋18169674）＝616786495元。

履约条件系有相互结合无从分割，王××之背信行为与诈欺旧东森媒体公司小股东之行为，有方法结果之裁判上一罪关系，为起诉效力所及[①]。

4. 附表二（本章末）编号 1 至 3 所示之款项，系王××要求凯雷集团，将出卖“旧东森媒体公司”股权所得部分价金，约 7500 万美元，得由王××以再抗告人美瀚投资有限公司（下称“美瀚投资公司”）、东森得意购公司及东森国际股份有限公司（下称“东森国际公司”）名义，再转投资至域外之英属开曼群岛商 Ripley Cable Holdings Ⅱ，L. P.（下称“瑞利有限合伙”）。而美瀚投资公司、东森得意购公司及东森国际公司收到出售“旧东森媒体公司”股票价金当天（2006 年 7 月 2 日），即分别汇款共计 7500 万美元至瑞利有限合伙设于美国华盛顿特区之 WACHOVIA BANK NA 银行账户。足认上开款项王××藉由再抗告人等名义出售股票予凯雷集团后，凯雷集团依王××之指示，拨入再抗告人等账户，再由再抗告人等转投资瑞利有限合伙。故凯雷集团嗣后因故决定退回王××之投资款，经经济部投资审议委员会同意瑞利有限合伙退还之上开款项，形式上虽属三再抗告人等所有，惟实质上仍属王××所有。王××上开犯罪所得合计共 1273618395 元，第一审法院裁定于 1212292385 元之范围内予以扣押，并无违法不当等情，因而维持第一审法院所为就上开账户内之款项于上开金额范围内予以扣押，并由台湾信托商业银行敦南分行代为保管之裁定，驳回再抗告人等在第二审之抗告。

---

① 有关“起诉范围之认定，并不以起诉书所记载之犯罪事实为限，凡与起诉事实具有实质上或裁判上一罪关系之事实，不论起诉书是否已加以记载，均为起诉效力所及，法院基于审判不可分关系，自应一并加以审判。惟该项事实与起诉事实必须均成立犯罪，二者之间始有发生实质或裁判上一罪关系而为起诉效力所及之可言”，参阅台湾“最高法院”2009 年度台上字第 4430 号判决。

第二节　裁定要旨

一、扣案之价金，显非被告犯罪行为直接取得之物，无法以得没收之物而予以扣押

可为证据或得没收之物，得扣押之，为“刑事诉讼法”第133条第1项所明定。又修正前“刑法”第38条第1项第3款、第3项明文规定因犯罪所得之物，除有特别规定外，以属于犯人者为限，始得没收。而“刑法”上所称因犯罪所得之物，系指因犯罪行为直接所产生或取得特定之原物而言，并不包括因变卖该原物所得之价金或因其他原因而衍生之物在内[①]。本件原裁定认定王××之相关犯罪嫌疑为以诈术低价取得“旧东森媒体公司”股东出售之股票，再以高价转卖凯雷集团牟利；及违背任务以不当手段低价出售亚太固网之Cable Modem业务予东禾公司，而图得东禾公司之不法利益[②]。如果无讹，在前者，其因犯罪所得之物应系张××等股东陷于错误而出售交付之“旧东森媒体公司”股份；在后者，其因犯罪所得者仅为东禾公司减少支付价金差额之不法利益。而原裁定附表所示之三笔款项，依原裁定所认定之事实，系王××以再抗告人等名义出售“旧东森媒体公司”股份予凯雷集团，而由凯雷集团支付与再抗告人等之价金，显非因王××之上开犯罪行为所直接取得之物，能否认为系没收之物而予以扣押，饶有斟酌之余地。

二、扣案之犯罪所得非属被告之犯人所有，自不得宣告没收或扣押

修正前“刑法”第38条第1项第3款、第3项明文规定因犯罪所得之物，除有特别规定外，以属于犯人者为限，始得没收（嗣经修正为“以

---

① 王××行为后，2005年2月2日修正公布，2006年7月1日生效施行之“刑法”第38条第1项第3款，始增列因犯罪所生之物得没收之规定。

② 本案亚太固网案之涉案人数、资金交流等案情错综复杂，承审本案首次裁定及目前为止最后裁定之台北地院，在不同时点，随审理案情之进展，前者裁定载明：“依起诉所载犯罪事实及现存相关卷证显示一王××等人共同对亚太固网涉嫌背信。”后者裁定虽认亚太固网案所生之损失之背信犯行，为“成就被告王××与凯雷集团股权买卖合约完成履约及交割不可欠缺之充分且必要之条件”，但亦同时言明“此部分本院认非属起诉效力所及，尚待另审侦结审理确认”，肯认王××所有因犯罪所得之物仍有继续扣押必要，以确保将来刑之执行。台北地院2007年度矚重诉字第3号裁定（2007年11月28日）、台北地院2009年度声字第962号裁定（2009年4月30日）。

属于犯罪行为人者为限，得没收之"）。倘犯罪所得之物其所有权并不属犯人时，自不在得宣告没收之列。故如以因犯罪所得之物为得没收之物而予以扣押时，自应以该物属于犯人者为限，始得予以扣押。而公司为法人，有独立之人格与权利能力，公司所有之财产与股东或负责人所有之财产各自独立，故公司之自然人股东或负责人，因犯罪行为为公司取得之物，如法律上所有权属于公司，即非犯人所有，自不在得没收之列。

三、因未研求、剖析扣案款项实质上属被告所有之法律依据，而撤销原裁定

原裁定未详加研求，亦未剖析说明上开款项如何能认为实质上属王××所有之法律依据，率予维持第一审法院所为扣押上开款项之裁定，亦有可议。再抗告意旨指摘原裁定不当，尚非全无理由，应由本院（台湾"最高法院"）将原裁定关于再抗告人等部分撤销，由原审法院更为妥适之裁定。

第三节　后续诉讼审理情况

一、高等法院2008年度抗更字第4号裁定要旨

扣案之三笔款项系王××以抗告人等名义出售"旧东森媒体公司"股份予凯雷集团，而由凯雷集团付予抗告人等之价金，显非因王××之上开犯罪行为所直接取得之物。

原审裁定既认定王××系以抗告人等之名义分别出售"旧东森媒体公司"股份予凯雷集团，该集团因而支付款项予抗告人等，抗告人等复将上开款项直接转汇予瑞利有限合伙，嗣后再由瑞利有限合伙退还予抗告人等，上述各情如果属实[①]，则上开款项原本属于抗告人等出售股份所得之价金，且系由抗告人等汇予瑞利有限合伙，事后再由瑞利有限合伙分别退还抗告人等，则上开款项依法自属抗告人等所有。

---

① 相关事实情况，攸关法律之适用，惟前述职司法律审之台湾"最高法院"的用语是"如果无讹"；在此兼具事实审之台湾高等法院除改为"如果属实"外，并未对原审认定的事实予以质疑或确认。对此，与其以较高之标准称其为审理怠惰，毋宁可谓此类复杂案件之声请发还扣押物裁定之程序审理的性质所致。

抗告人美瀚投资公司等三家公司之抗告意旨均以系争扣押金钱汇入抗告人公司账户，即属公司所有，为全体股东所有之资金，与王××个人无关，因此该账户内之金钱，非属犯罪行为人所有，不得依“刑法”第38条规定予以没收，自亦不得扣押等语，指摘原审裁定不当，非无理由，自应由本院（台湾高等法院）将原审裁定撤销。

二、台北地院2009年度声字第962号裁定要旨

（一）程序方面

台湾高等法院2008年度抗更字第4号裁定并未谕知扣押物应即发还等情，堪认倘台北地院（下称“本院”）依照上开裁定意旨，详加研求并剖析说明上开款项实质上属王××所有之法律依据，自得再为扣押裁定。

2008年12月31日宣判之高等法院2007年度矚重诉字第3号案件，认被告王××以低价向小股东收购旧东森媒体公司股票再以每股32.4元转售给凯雷集团，因此获得出售股票价差所得金额301507813元[①]，并使东森国际公司、东森得易购公司、美瀚公司因而取得转投资瑞利有限合伙之不法利益部分，核系犯“证券交易法”（以下称“证交法”）第171条第1项第3款、第2项之犯罪所得金额达1亿元以上之特别背信罪，与其于2006年6月30日以前所犯“证交法”特别背信罪有连续犯之裁判上一罪关系，依2006年7月1日修正施行前之“刑法”第56条规定，以一罪论，并就该等犯行，判处被告王××有期徒刑10年，并科罚金5亿元，没收犯罪所得金额301507813元。

北院隆刑祥2007矚重诉3字第098001581号、第0980001580号函均为第一审法院受命法官所为关于扣押物发还之处分，并非法院之裁定，当事人对之不服，应向第一审法院声请撤销或变更，纵提起抗告，亦应视为前揭声请[②]。

---

① 该案系以王××等违反“证交法”第171条第1项第3款之特别背信罪等科刑，认定王××透过其实际掌控之东森得易购公司、东森购物百货公司，以每股平均20元收购小股东持有旧东森媒体公司股份808372股、18169674股及以每股平均25元收购国际创头等5家公司所持有8943249股，再以32.4元出售之。所得差额总额为301507813元（32.4－20）×（808372＋18169674）＋（32.4－25）×8943249＝301507813元。台湾高等法院2007年度矚重诉字第3号判决（页3702－3703）。

② 依“刑事诉讼法”第418条第2项规定：“依本编规定得提起抗告，而误为撤销或变更之声请者，视为已提起抗告；其得为撤销或变更之声请而误为抗告者，视为已有声请。”即受处分人对第一审受命法官所为扣押物发还之处分不服，仅得声请第一审法院撤销或变更之，不得提起抗告。惟若误为抗告，依前揭法条规定，仍视为已有声请撤销变更，自应由第一审法院就受处分人之声请而为裁定。

（二）实体方面

被告王××因此取得出售旧东森媒体公司股权价差不法犯罪所得共301507813元，并使东森国际公司、美瀚公司、东森得易购公司因而得以转投资瑞利有限合伙，复因而得以完成与凯雷集团之股权买卖合约。且查被告王××系以东森国际公司法人股东代表人身份而担任旧东森媒体公司董事长；东森购物公司应属被告王××个人独资设立之公司，且东森购物公司与东森得易购公司间相互投资，东森购物公司及东森得易购公司之董监事、人事、财务、业务实际上均由被告王××所掌控，并直接、间接持有东森得易购公司95%股权；美瀚公司则为被告与其配偶蔡××及3个女儿共同投资之萨摩亚商 Wealth Plus Investment Limited 公司100%转投资设立，且美瀚公司所需资金，均系由被告王××指示黄××以向东森得易购公司、东森购物公司借贷方式而调度取得等情，业经明白认定。

被告王××于2007年8月间遭本院裁定收押禁见，因原负责人刘××拒绝继续担任美瀚公司负责人，而由在押禁见之被告王××透过选任辩护人纪××律师询问林××、赵××是否愿意帮忙担任美瀚公司负责人，赵××表示愿意等情，亦据证人赵××于本院在2009年3月31日调查时具结证述在卷，倘王××非美瀚公司实际出资者及经营者，为何于刘××拒绝担任负责人时，非由其他出资者决定美瀚公司负责人，却透过律师向收押禁见之被告王××请示后才依其指示办理，益征王××为美瀚公司之实际负责人。

瑞利有限合伙退回投资款，系因东森得易购公司发生资金困难，董事长林××指示宋××与凯雷集团委任之法律顾问陈××律师联络是否能撤回东森得易购公司投资款，因凯雷集团表示如果要撤回投资，东森得易购公司、东森国际公司及美瀚公司三家公司就都要一起撤，不能只撤回东森得易购公司部分。宋××因而负责将凯雷集团之终止投资文件送交上开三家公司处理等情，亦据证人宋××于本院在2009年3月31日调查时具结证述綦详，益征声请人东森得易购公司、东森国际公司及美瀚公司投资瑞利有限合伙实系出于一体，原因就在于上开三家公司得以投资瑞利有限合伙系因被告王××以损害旧东森媒体公司及股东利益方式以达到促成越多旧东森媒体公司股权交易予凯雷集团。

本院认定如附表二所示退回投资款系属被告王××所有因犯罪所得之物，且其中301507813元，应依“刑法”第38条第2项规定没收。而上开金额既属得没收之物，依“刑事诉讼法”第133条规定，自得扣押之。

台湾台北地方法院检察署于2009年2月20日并以甲×玲垂97莅22001字第11074号函向本院表示:“扣押金额全数均属被告王××所有因犯罪所得之物,仍有留案参佐调查之必要,且上级审将来仍有改判全部没收之可能,一旦发还,亦将致难以保全嗣后之审理与执行,与扣押财物之保全目的扞格,此外,该笔扣押金额本可作为被告王××涉嫌诈欺及背信行为之证据,依法亦得扣押之,仍有继续扣押必要”等语,堪认上开扣押物仍有扣押之必要情形存在,依“刑事诉讼法”第317条但书规定[①],当得继续扣押之。

扣押物应以法院之裁定发还者,乃指该扣押物无留存之必要而言,是倘法院认有留存之必要,故暂不予以发还,自非法所不许。本院在审理2007年度瞩重诉字第2号及第3号案件期间及判决后,既均认该扣押物乃被告王××之犯罪所得,且得为犯罪之证据,继续予以扣押,以俟判决确定再作处理,要无不合。

第四节　问题争点

1. “刑法”总则没收客体是否仅限于犯罪行为直接所产生或取得特定之原物?该原物若自始即为无体之财产上利益时得否扣押?

2. 没收财产若在形式(名义)上属于犯罪行为(嫌疑)人以外之人(包括法人)所有时,是否即能因不得没收而无法扣押?

3. 扣押财产之裁定,经上级法院撤销后,是否即应发还?承审法院得否以裁定以外方式处理之?

4. 扣押必要性与留存必要性有无差异?

5. 留存必要性是否应有具体事项之判断基准?

---

① “刑事诉讼法”第317条规定“扣押物未经谕知没收者,应即发还。但上诉期间内或上诉中遇有必要情形,得继续扣押之”。本案实体判决有谕知没收者,故不应立即发还。又即使有在上诉期间内或上诉中之必要情形,仍得继续扣押之。因此,在发还扣押物时,其之所谓必要情形之“必要性”往往极易成为诉讼争点。

第五节　评　析

一、“刑法”总则没收客体是否仅限于犯罪行为直接所产生或取得特定之原物？该原物若自始即为无体之财产上利益时得否扣押？

本案初期认定之没收客体有二：一为以诈术低价取得之“旧东森媒体公司”股东出售之股票，再以高价转卖凯雷集团牟利；二为违背任务以不当手段低价出售亚太固网之 Cable Modem 业务予东禾公司，而图得东禾公司之不法利益。惟被查扣客体为王××以抗告人等名义出售“旧东森媒体公司”股份予凯雷集团，而由凯雷集团支付与抗告人等之价金，故“最高法院”认其“显非因王××之上开犯罪行为所直接取得之物。”对此，首先，“刑法”总则第 38 条第 1 项第 3 款没收之规定，确实是以“物”为限，且在传统解释上多被认为须具有直接取得“原物”[①] 之特定性者方得没收。然随着时代的变迁及经济的发展，不论“刑法”总则或分则[②]没收之客体，在犯罪侦查或审判实务上对“原物”经事实之变动、转换或法律拟制[③]后仍具相同或相当价值之特定性者，依其性质或（主从物可否分离等）状况只要在合理、相当的程度上，为补法制不备或维司法正义，已有扩大解释“原物”特定性[④]之趋势。例如：窃盗犯将窃取之美金兑换成等价新台币后，当场被查扣之新台币，虽非原物之美金，但因与该原物具有等值之特定对价关系，故仍被视为可得扣押或没收之（原）物。其次，台湾地区传统没收及扣押之客体均以有体物为基本范畴，论理上不应扩及存

---

① 台湾“最高法院”1981 年度台上字第 5569 号判决、台湾“最高法院”2004 年度台上字第 4270 号判决。

② 公务员或仲裁人犯“刑法”第 121 条第 1 项或第 122 条第 1 项、第 2 项之罪，所受贿赂没收之。此贿赂虽不包括不正利益，但包括金钱或可以金钱计算之财物。台湾“最高法院”1932 年度上字第 369 号判例。

③ 例如：“刑法”第 349 条第 3 项“因赃物变得之财物，以赃物论”；“洗钱防制法”第 4 条所称因犯罪所得财物或财产上利益，系指：(1) 因犯罪直接取得之财物或财产上利益；(2) 因犯罪取得之报酬；(3) 因前二款所列者变得之物或财产上利益。但第三人善意取得者，不在此限。

④ 有关过去对“原物”特定性之扩大解释，参阅“司法院”院字第 2140 号解释、台湾“最高法院”1982 年度台覆字第 2 号判例。日本刑法第 19 条之没收客体，在丧失同一性时，原则上不能没收，但相关金钱若能确保其之特定性，亦可没收。前田雅英、松本时夫，条解刑法，弘文堂，2007 年 12 月，页 34。

款账簿所具金钱债权之无体的财产上利益，故当前以得没收物或兼作证据之物为由，以具强制处分之刑事扣押为名，并委由金融机构代为保管等便宜行事之作法，极有争议[①]。另从“原物”特定性之观点论之，多笔不同时期进出之金钱债权，最后在法理上仅能统合为一个债权[②]，根本无法区分为个别之存款债权，也不会有所谓有体“原物”本身所产生之特定性的问题，故当前侦查或审理之司法机关，对存款账簿之一般扣押或“刑法”总则之一般没收，事实上至多仅能及于账簿本身，法理上无法扩及账簿内之金钱债权。再者，台湾地区的“洗钱防制法”等刑事特别法多有酌量财产扣押之规定，其相对于一般扣押，即不限于“原物”，扩及无体财产之债权；故与其相对应没收之客体亦扩大至无体财产。因此，本案从法理而言，除非得适用“洗钱防制法”等特别法之财产扣押或没收，否则仅因“刑法”及“刑事诉讼法”之相关规定，不仅无法没收，连扣押都有难以合理解释的违法之虞。此时，当事人以抗告或再抗告方式声请撤销法院可能违法扣押财产之裁定，依法虽属理所当然，惟该财产事实上及法律上已与当事人其他一般财产混合，如何扣押及得否发还等实有疑虑[③]。最后，仍有争议的是：本案初期认定犯罪所得来源之一的违反“证交法”第 20 条第 1 项之证券诈欺罪，其与“刑法”第 339 条第 1 项背信罪有方法、结果之裁判上一罪之关系，应可适用“证交法”第 171 条第 1 项第 1 款、第 2 项及第 6 项之罚则[④]，优先以义务之没收、追征等剥夺犯罪所得，而不能仅主张以“刑法”总则第 38 条第 2 项裁量没收之。其之实益在于：避免“最高法院”指摘其之犯罪所得，自始即非以有体之原物或具原物特定性之存在，使其在论理上成为非得没收之物，而失去“刑事诉讼法”第 133 条第 1 项一般扣押之依据。在台湾“最高法院”发回更审及台湾高等法院

---

① 类似见解，参阅林孟皇，金融犯罪与刑事审判，元照，2010 年 1 月，页 397 - 403。

② 阪口彰洋，预金债权の归属，金融商事判例，1211 号，2005 年 3 月，页 11；渡边博已，预金口座の不正利用と金融机关による利用停止强制解约等，银行法务 21，635 号，2004 年 8 月，页 7；岩原绅作、森下哲朗，预金の归属をめぐる诸问题，金融法务事情，1746 号，2005 年 8 月，页 29、40。

③ 日本刑事诉讼法第 123 条第 1 项发还扣押物之规定与我国台湾地区相似，实务上若扣押物经检察官拍卖后所得价金，因归入国库而与国家财产混合时；或未发还之现金与其他财产混合而无法特定时，即因丧失特定性而无法发还。伊藤栄树、龟山继夫、小林充、香城敏麿、佐木史朗、增井清彦，注释刑事诉讼法（第 7 卷），立花书房，2000 年 8 月，页 84。

④ “证交法”第 171 条第 6 项“没收并追征或抵偿之规定，系‘刑法’第 38 条第 1 项第 3 款、第 3 项但书之特别规定，采义务没收主义，如全部或一部不能没收时，并应追征其价额或以其财产抵偿之”。参阅台湾“最高法院”2009 年度台上字第 5923 号判决。

更一审裁定撤销扣押后，台北地院援引“刑法”第 38 条第 2 项，欲将法人（人头）账户内之金钱债权视为违禁物，主张对其义务没收。然本案被扣押客体显然不是“物”，更非一般保安处分客体之毒品、枪械等之违禁物，既违背法理，且无益于解决问题。对非物性质之客体的扣押，至少在文义解释上既非“刑法”总则没收之客体；亦非“刑事诉讼法”一般扣押之客体[①]，但台湾地区在相关法制不备之现况下，不论是侦查或审判之司法单位为追求司法正义，只好多所忽略，静待立法解决。然在解释论上，被扣押之债权，若自始即非以现金方式存在，但具有与现金几乎等价（如支票、债券等扣除规费所得之金额）之变现性时，在论理及目的解释上应尚有在明文保全目的之特别性质之扣押[②]或有义务没收、追征等适用之余地。故在台北地院裁定对犯罪所得之计算，坚持与台湾高等法院及台湾“最高法院”裁定之不同见解，且采违反“证交法”必须扣除成本之差额说[③]的同时，理应适用“证交法”第 171 条第 6 项之义务没收、追征规定，不应采取通常不会扣除犯罪成本之“刑法”总则之裁量没收[④]。本

① “刑法”第 38 条没收及“刑事诉讼法”第 133 条扣押等规定之客体均明文以物为限。

② 刑事特别法具保全目的之特别扣押与“刑事诉讼法”一般扣押，最大的差异在于扣押客体扩及无体财产等利益及保全范围及程度之差异。相关立法规定有：“洗钱防制法”第 14 条第 2 项、“贪污治罪条例”第 10 条第 4 项、“组织犯罪防制条例”第 7 条第 3 项、“毒品危害防制条例”第 19 条第 2 项、“人口贩运防制法”第 35 条第 2 项等。“证交法”第 171 条第 6 项没收规定既受“洗钱防制法”等修正金融七法之没收规定之影响，其无相对应之特别扣押规定，可谓立法之疏失。

③ 2004 年 4 月 28 日修正公布之“证交法”第 171 条第 2 项之立法理由载明，以差额说计算内线交易犯罪所得之数额，亦即应扣除犯罪行为人之成本；至计算其所得之时点，明示应以“犯罪行为既遂或结果发生时”为准，且例示“可以行为人买卖之股票数与消息公开后价格涨跌之变化幅度差额计算之”。又因内线交易罪系以犯罪所得之金额为刑度加重之要件，亦即以发生一定结果（即所得达 1 亿元以上）为加重条件，则该立法理由所载“消息公开后价格涨跌之变化幅度”，当指计算内线交易之犯罪所得时点，必须该股票价格之变动与该重大消息之公开，其间有相当之关联者为必要，此为法理上之当然解释。2007 年度台上字第 7644 号判决；编辑者，立法院公报，93 卷 2 期，2004 年 1 月，页 197。

④ 参阅片冈康夫，证券取引法违反罪等における没收・追征をめぐる问题，研修，670 号，2004 年 4 月，页 111。

案若主张以“证交法”第171条第6项之义务没收、追征规定[①]，在该原有体物现金之价值转为无体物金钱债权而无法没收时，针对立法目的扩大解释[②]“全部或一部不能没收时”，当有追征或抵偿等义务规定之适用[③]；亦可因此而扩及“刑事诉讼法”第133条第1项一般扣押之适用。

二、没收财产若在形式（名义）上属于犯罪行为（嫌疑）人以外之人（包括法人）所有时，是否即能因不得没收而无法扣押？

“刑法”第38条第3项明文同条第1项第2款（供犯罪所用或犯罪预备之物）、第3款（因犯罪所生或所得之物），以属于犯罪行为人者为限，得没收之[④]。但有特别规定者，依其规定。因此，刑事基本法之“刑法”总则，对于犯罪所得之物的没收，除非“刑法”分则或特别“刑法”另有不同之例外规定，否则没收财物之客体，原则上即以属于犯罪行为人所有之物为限。惟该财物是否确为该行为人所有，并非仅以形式上观之，若该犯罪所得形式上虽非行为人所有，惟有证据足认实际上系行为人所有者，亦得没收[⑤]。故没收财产若在形式（名义）上属于犯罪行为（嫌疑）人以外之人所有时，不应遽认其不应为谕知没收之宣告；更不得据以主张非得没收之财物而不予扣押或禁止处分。本案台湾“最高法院”明文指摘公司为法人，具有独立之人格与权利能力，故公司所有之财产与股东或负

---

① 针对本案，另有主张应适用“洗钱防制法”第9条禁止处分或第14条保全扣押之见解。参阅林孟皇，金融犯罪与刑事审判，元照，2010年1月，页408－411。惟本文认为洗钱罪之犯意必须不同于前行为证券诈欺罪之犯意，亦即要有后行为洗钱之犯意方能成罪，本案应无由成立洗钱罪。实务判决对“洗钱防制法”第2条第1款之洗钱行为，亦认“除利用不知情之合法管道（如金融机关）所为之典型行为外，固尚有其他掩饰、藏匿犯特定重大犯罪所得财产或利益之行为，但仍须有为避免追诉、处罚而使其所得财物或利益之来源合法化，或改变该财物或利益之本质之犯意，始克相当，若仅系行为人对犯特定重大犯罪所得之财产或利益作直接使用或消费之处分行为，自非该法所规范之洗钱行为”。参阅台湾“最高法院”2003年度台上字第3639号判决、2005年度台上字第7391号判决。

② 依日本刑法视追征为没收代替处分之观点，其之特别法（剥夺组织犯罪所得法第16条）为强化没收组织犯罪所得之成效，已将原先仅有在没收不能时方能追征之规定，立法扩大为没收不相当时，得追征其价额。基此，我国台湾地区“证交法”第171条第6项之义务没收深受“洗钱防制法”等没收规定之影响，且在没收之前应优先发还被害人或善意第三人，故有基于立法目的扩大解释之必要，使其因得以扣押，而能促进对被害人之损害赔偿、善意第三人之损害回复或强化剥夺犯罪所得，并利于充分体现该规定立法意旨之司法正义。

③ 日本特别刑法之追征，在解释上亦不以犯行时有体物之存在为要件。前田雅英、松本时夫，条解刑法，弘文堂，2007年12月，页42。

④ 参阅台湾“最高法院”1932年度上字第589号判例。

⑤ 参阅台湾高等法院2007年度抗字第1433号裁定。

责人所有之财产各自独立，无任何归属关系。因此，作为公司股东或负责人之自然人，“因犯罪行为为公司取得之物，如法律上所有权属于公司，即非犯人所有，自不在得没收之列”；并假设原审认定之事实为真，进而认定“上开款项依法自属抗告人等所有”及指摘“原审裁定未详加研求，亦未剖析说明上开款项如何能认为实质上属王××所有之法律依据，迳为扣押上开款项之裁定，自有可议”。对此，前者（法人财产与股东或负责人财产），在形式（名义）上法人之财产确实与股东或负责人之财产各自独立，不互为归属。然在实质上法人本身只是自然人的拟制规定，其之人格或权利能力均与参与其组织或行为（活动）之自然人密切相关。尤其是在财产来源及所有权归属方面，更是与公司负责人之出资（持股）或实质掌控财产之能力或范畴相互交错、互有归属，致使实质上明确区分相关财产之归属确有困难。因此，台湾“最高法院”对本案之法律见解，仅因公司负责人之犯罪行为而为公司取得之物，不论其实质之归属及掌控能力等情况，仅就其形式（法律）上之所有权属于公司，即论断非属犯人所有，而认其“自不在得没收之列”，并未基于处罚法人犯罪之必要性、相当性等观点①，提出能融入台湾地区刑法理论之法律见解，仍囿于保守、法匠之思考，无益于法人犯罪之制裁或犯罪所得之剥夺②。其次，该结论除导致日后台湾高等法院2008年度抗更字第4号作出撤销扣押之裁定外，更有无视除组织犯罪之外，其他任何类型的法人犯罪财产均无法没收的窘境，因为属大陆法系之我国台湾地区，法人本身并无（犯罪之）行为能力，故其本身理论上并无犯罪行为之所得，无法对其执行本质为刑事罚之没收，至多只能因两罚规定等承认其有接受刑罚（罚金刑）制裁之受刑能力而已③。如此一来，所有以自然人犯罪行为取得之犯罪所得，只要寄存于法

---

① 有关日本处罚组织本身违法行为之组织体抑制模式理论及处罚组织内部个人行为为主之个人抑制模式理论之发展。参阅今井猛嘉，企业の刑事责任，甲斐克则编，企业活动と刑事规制，日本评论社，2008年5月，页12－19。

② 新近有关大陆法系比较法之观点，探讨法人处罚及刑法理论之内容，主要有组织模式理论及同一视理论。前者为藉由仅对于法人所科之刑事罚（不直接处罚自然人），间接制裁法人内部自然人之效果，避免过度处罚自然人之缺失，达到确保刑罚适切性之抑止对象的扩张功能；后者则强调即使在处罚自然人时，亦可对法人科以他种类之刑事制裁，并试图建构处罚法人犯罪的主观要素及客观要件。参阅樋口亮介，法人处罚と刑法理论，东京大学，2009年1月，页151－164。

③ 有关台湾地区法人不具有犯罪能力及不能成为刑罚主体之论述及主张以行政秩序罚等解决该犯罪之构思，参阅廖晋赋，法人之刑罚可能性，刑事法杂志，49卷3期，2005年6月，页66－68；张永宏，法人之犯罪与处罚一兼论“税捐稽征法”第47条规定之适用，刑事法杂志，49卷2期，2005年4月，页46、47。

人名义之账户，即非属该自然人之犯罪所得，除有欠缺事理及法理依据外，事实上亦导致无法返还被害人或无法没收，有违实现法理之公平正义。后者（指摘原审未剖析说明系争款项为实质上属王××所有之法律依据），仅有法律审之台湾“最高法院”先就原审认定之事实关系，据以推论出系争款项“依法自属抗告人等所有”。其论断之实质上或法理上之依据为何，并未深入探究，恐有仅就形式（名义人）或逻辑（用语文义）上之斟酌而率予论断之嫌。同理，其认原审裁定并未剖析说明系争款项如何能认为实质上属王××所有之法律依据，迳为扣押而有可议之处。然事实上兼具事实审及法律审之台湾高等法院，已在判决书上载明系争款项之起源、交易及转换过程之事实①，产生足认“实质上仍属被告王××所有”之心证；且亦阐明是否为行为人所有，并非仅以形式上观之，亦即若该犯罪所得在形式上，虽非属行为人所有，“惟有证据足认实际上系行为人所有者，亦得没收”之法律见解。然此在判决书内之事实认定及理由说明之见解，在台湾“最高法院”裁定时，只能依卷证资料（nach Aktenlage），在既无法要求提出证据（ohne Beweisaufnahme）②，亦不能以严格证明法则具体确认至非属行为人王××所有，而实属抗告（名义）人所有之证据（证明）力之程度③；且在显然有犯罪被害人存在时，其之财产归属即有应待调查事项及发还对象之疑虑，故不应轻率认定其为抗告法人公司之财产。进而只因台湾地区当前剥夺法人犯罪财产之法制缺失，直接影响法院对其是否为得扣押物之判断，而其结果将有导致不符社会正义及民众期待，并打击相关侦、审机构致力追查犯罪所得之士气与热诚之虞。

---

① 即主要从被告王××藉由东森购物等三公司之名义，将股票出售予凯雷集团后，凯雷集团依实际出卖人，即被告王××之指示，拨入抗告人东森国际公司等三家抗告人公司转投资之瑞利有限合伙。日后凯雷集团因故决定退回，而汇回之款项，形式上虽属上开三家抗告人公司所有，但实质上均依其指示且在其完全掌控之下。

② Lutz Meyer-Goäner, Strafprozessordnung: Gerichtsverfassungsgesetz, Nebenge-setze und ergänzende Bestimmungen, C. H. Beck, 51. Aufl., 2008 § 111k Rn. 12; Rolf Hannich, Karlsruher Kommentar zur Strafprozessordnung, C. H. Beck, 6. Aufl., 2008 § 111k Rn. 9; Gerhard Janssen, Gewinnabschäpfung im Strafverfahren, C. F. Müller, 2008, § 111k Rn. 247.

③ 诉讼时必须要认定之事实颇为多样，无法对所有事实均采取严格证明，故有关程序事实等之审理在无特别规定下，通常多采自由证明法则。池田修、前田雅英，刑事诉讼法讲义，东京大学，2009年3月，页351。

三、扣押财产之裁定，经上级法院撤销后，是否即应发还？承审法院得否以裁定以外方式处理之？

本案经台湾“最高法院”撤销有关东森国际公司等三家公司之裁定后，台湾高等法院2008年度抗更字第4号裁定（2008年7月31日）亦撤销原裁定。之后，由于本案相关被告人数及案情牵连甚广，相关并案等之实体审理极为复杂，故由台北地院承审之判决（2007年度矚重诉字第2号、2007年度矚重诉字第3号等案件）迟至2008年12月31日始正式宣判。其间，声请人陆续递状，主张：原扣押裁定既经撤销确定，即无任何合法扣押之法律依据，应无待声请人提出声请，而应尽速发还。上级法院有关发还扣押财产之裁定，均确认系争款项非被告王××所有，法院自无再留存系争款项之必要，而应不待案件终结前即以裁定发还之。第三审法院，就具体个案所为法律上之意见，于发回更审后，对于下级法院有拘束力，自不许下级审法院为不同之法律见解[①]，故不应以裁定以外之处分的方式驳回发还扣押物之声请。对此，上级法院撤销扣押裁定之结果，即为否定下级法院认定之扣押必要性。在学理及实务运作上，其之判断及认定乃属事实审法院自由裁量之职权，通常在未背离一般人日常生活之经验法则或论理法则，且于裁判书内论述其判断之心证理由者，即不得任意指摘其为违法，据为提起抗告之合法理由[②]。其次，原扣押裁定既经上级法院撤销后，确实失去原得以扣押之法律依据，但由于此类撤销扣押在性质上属于程序裁定，有其声请及作出裁定之时间及调查证据方法等之限制[③]，通常仅能在程序上依相关事证及法文意旨，避免受处分人之可能合法权益遭受过度（或迟延）所造成之精神或实质损害。因此，若要进一步论证具体、关键之内容、证据；或确认是否无原扣押之必要性或当前继续留存之

---

① “刑事诉讼，法律设有审级制度，旨在由上级审以裁判纠正下级审之违法或不当判决，期使‘宪法’规定国家之司法权得以正确行使，人民之权利得以确保，且第三审系终审法院，为法律审，就具体个案所为法律上之意见，于发回更审后，对于下级法院有拘束力，自不容下级审为相异之法律上判断。”参阅台湾“最高法院”1999年度台上字第1412号判决。

② 参阅台湾“最高法院”2002年度台抗字第104号裁定、台湾高等法院2008年度抗字第438号裁定。

③ 例如：“刑事诉讼法”第406条前段规定之抗告期间，除有特别规定外，为5日，自送达裁定后起算。“刑事诉讼法”第410条第3项规定，抗告法院收到该案卷宗及证物后，应于10日内裁定。

必要性[①]等，抗告法院虽能在必要时例外地介入实体归属关系之判断[②]，但最终仍须由实体审理之下级法院持续调查、确认之[③]。此在通常无特殊情况下，即使上级法院撤销扣押财产之裁定，亦无法律依据应直接谕知下级法院立即发还；且实务上亦鲜少由上级法院依法自行裁定发还[④]。

此外，在考量适用“刑事诉讼法”第142条第1项时，留存之必要性实为最优先之要件，法文上虽规定法院或检察官应不待案件终结，分别以裁定或命令发还。若其为赃物，且无第三人主张权利时应发还被害人，则为次要之要件。此对物强制处分之扣押被撤销确定，而顿失“刑事诉讼法”第133条第1项之扣押依据时，与该扣押物是否符合“刑事诉讼法”第142条第1项之要件而应及时发还之裁定，在法院斟酌扣押依据及留存依据之法律规定显然有别；且其判断之时间点、案件调查（审理）的进展及保全证据或财产之重要性等亦有所别，故撤销原扣押之裁定应不立即等同应及时发还之裁定[⑤]。又承审法院针对扣押物受处分人之声请发还，并未依法以裁定驳回或发还之；却以裁定以外之函复声请人之方式，告知其“受理2007年度矚重诉字第3号案件，经查该案业已于2008年12月31日宣判，俟该案判决确定后，再就台端声请发还扣押物乙事作处理”，虽不

① Meyer - Goßner, a. a. O. §94 Rn. 22; Meyer - Goßner, a. a. O. §111k Rn. 1.

② 参阅河上和雄，谁に押收物を返せば良いのか一押收物の还付处分の相手方一最高裁平成2年4月20日第3小法庭决定（刑事法判例时评 -66 -），判例タイムズ，724号，1990年6月，页85。

③ “刑事诉讼法”第142条第2项及日本刑事诉讼法第123条第2项均有扣押物暂时发还之规定。因此，易让人误以为我国台湾地区及日本上述法条第1项之发还规定即为非暂时发还之确定规定。然德国刑事诉讼法第111条k仅是确立一种暂时占有状态的规则（nur eine vorläufige Besitzstandsregelung）。Kai Lohse, Strafprozessordnung Anwaltkommentar, Deutscher Anwaltverlag, 2007 §111k Rn. 1; Gerd Pfeiffer, Strafprozessordnung: Kommentar, C. H. Beck, 5. Aufl., 2005 §111k Rn. 1.

④ “刑事诉讼法”第413条虽规定“抗告法院认为抗告有理由者，应以裁定将原裁定撤销；于有必要时，并自为裁定”，但我国治湾地区实务极少有援用本条但书之裁定。此“有必要时”，依日本学说乃指：基于实体上的理由，论述原裁定之准驳时，有进一步说明之必要时；基于程序上的紧急性等见解，认为有自行裁定之必要时。滝沢诚，最新重要判例评释（114）搜查机关による押收处分を受けた者の还付请求权押收物の还付请求却下处分に对する准抗告に理由がある场合に准抗告裁判所がすべき裁判一最一小决平成15年6月30日，刑集，57卷6号893页、裁时1343号205页、判时1833号160页、判タ1129号129页，现代刑事法，6卷7号，2004年7月，页84。

⑤ 上田哲，时の判例搜查机关による押收处分を受けた者の还付请求权の有无押收物の还付请求却下处分に对する准抗告に理由がある场合に准抗告裁判所がすべき裁判一最高裁平成15年6月30日第一小法庭决定，ジュリスト，1267号，2004年5月，页149。

影响受处分人对原裁定提起抗告或对此处分声请撤销、变更之利益[①]，但为何对攸关受处分人重大财产权益之处理，舍弃依法裁定方式，而另以实质上不置可否之另行处理之函复方式的处分取代之，实有未能体现"刑事诉讼法"第142条第1项之立法意旨，而未予积极适用之缺失。

四、扣押必要性与留存必要性有无差异？

扣押物与留存物在本质上经常同一，且扣押物更是留存物绝对必要的前提条件。没有扣押物，当然就不会有留存物；反之，有留存物除非经"刑事诉讼法"第143条之准用规定[②]，否则即为未经发还之扣押物。对此，在必要性的认定主体方面，"刑事诉讼法"第133条第1项"可为证据或得没收之物，得扣押之"。其中，该特定物能否作为证物或得没收物，而具有"得"扣押必要性之认定主体，实务上在紧急时多为第一线之司法警察（官）；或后续侦查中之检察官及审理中之法官[③]。此与留存必要性之认定主体依台湾地区法规只有检察官及法官，并不包括经常与留存具相对应关系之主要紧急搜索或附带扣押[④]执行主体的司法警察官[⑤]，已有不同。其次，在必要性的审理方面，"刑事诉讼法"第133条第1项虽未有必要

---

① 对于审判长、受命法院、受托法官所为关于扣押物发还之处分不服者，受处分人得声请所属法院撤销或变更之，"刑事诉讼法"第416条第1项定有明文。"刑事诉讼法"第418条第2项规定："依本编规定得提起抗告，而误为撤销或变更之声请者，视为已提起抗告；其得为撤销或变更之声请而误为抗告者，视为已有声请。"即受处分人对第一审受命法官所为扣押物发还之处分不服，仅得声请第一审法院撤销或变更之，不得提起抗告，惟若误为抗告，依前揭法条规定，仍视为已有声请撤销变更，自应由第一审法院就受处分人之声请而为裁定。

② "刑事诉讼法"第143条留存物之准用规定，主要乃将：被告、犯罪嫌疑人或第三人遗留在犯罪现场之物；所有人、持有人或保管人任意提出或交付之物，虽非经强制手段对物处分之扣押物，但有经司法机关留存事实者，得视为经强制处分扣押后而被留存之物，故应准用前4条之规定，以为处置或救济。

③ 此在检察官起诉之后，其在认定扣押必要性的权限，将因法院依法审理而受限。Hans Reichhart, Die Vermögensabschöpfung im Strafverfahren, Lang, 2008, S. 144；Meyer - Goßner, a. a. O. §111k Rn. 10.

④ 此分别为"刑事诉讼法"第131条及第137条之规定，因准用"刑事诉讼法"第131条第3项，应于执行后报告该管检察官及法院，并非该独立搜索、扣押之认定主体。参阅林钰雄，搜索扣押注释书，2001年9月，页18-19；张丽卿，验证刑诉改革脉动，五南，2004年9月，页3-4。

⑤ 依日本刑事诉讼法第222条之规定，侦查中除检察官之外，检察事务官及司法警察官亦得为认定发还之主体。堀笼幸男，押收，熊谷弘、松尾浩也、田宫裕编，搜查法大系3（第3编），日本评论社，1972年7月，页165。德国刑事诉讼法第111条k在解释上亦有主张警察得为其在侦查期间之扣押物发还主体之见解。Christian Dästner〔et al.〕, Kommentar zur Strafprozessordnung, Band 2（§§94-212b）, Luchterhand, 1992, §111k Rn. 13.

性之明文规定，但不论就犯罪侦查、维持公诉或保障受处分人合法权益之观点，扣押执行除依“刑事诉讼法”第134条、第135条，因扣押客体及持有状态之限制外，执行扣押的主体多为检察官或司法警察（官）；渠等均因有合理怀疑或紧急情况等之事证而发动侦查（搜索、扣押）。此时，在考量扣押必要性时，通常会采取最有利于遂行犯罪侦查目的之扣押。亦即在搜索、扣押过程中，除非明确与作为证据或得没收物显然无关，否则在合理判断仍可能有所关联时，为不轻易放弃一切蛛丝马迹之积极搜证的信念或确保没收刑之执行，均极容易在主客观上扩大扣押必要性之认知。同时，法院在初期审理扣押犯罪所得之心证门槛亦根本无从采取严格证明法则，通常只需达到大致认为肯定证据胜于否定证据之证据优势程度之自由证明法则即可①。因此，“刑事诉讼法”第142条第1项扣押物之发还，即为针对扣押执行机关较易扩大扣押必要性认知之节制或救济措施，故其除明文规定“无留存必要者”，不待案件终结（亦即包括不待当事人声请），即“应”以法院裁定或检察官之命令发还之。留存与扣押必要性之审酌，虽在基础事实之犯罪的态样、轻重；可为证据之价值、重要性；得没收物日后执行之可能性等相近②，惟在斟酌留存必要性时，基于与扣押必要性相对应之关系，尤须特别重视：（1）扣押物发还之后有无丧失或毁损之虞？（2）继续扣押时受处分人所受不利益之损害程度是否过当？（3）被扣押物之所有权等之违法性或权利关系是否有争议？

综上，针对本案审理中追加声请后之裁定扣押，既经台湾“最高法院”发回更审及台湾高等法院2008年度抗更字第4号裁定撤销原扣押确定，论理上可谓不再具有扣押必要性，但并非同时不具留存必要性而须立即发还。特别是：本案财物扣押之性质显然偏重于确保日后没收执行之作

---

① 严格证明法则系指构成犯罪之事实（公诉或自诉之犯罪事实）必须在法律规定所准许之证据方法范围内，依法律规定的调查证据程序为之，方取得证据能力。反之，即为自由证明法则。池田修、前田雅英，刑事诉讼法讲义，东京大学，2009年3月，页352；林孟皇，金融犯罪与刑事审判，元照，2010年1月，页411-413、415；黄朝义，严格证明与自由证明，刑事证据法则之新发展—黄东雄教授七秩祝寿论文集，学林文化，2003年6月，页78、81；林钰雄，自由证明法则之新开展—“最高法院”近年裁判新趋势之综合评释，台湾本土法学杂志，第96期，2007年7月，页119-120；蔡墩铭，刑事诉讼法论，五南，2002年5月，页232。

② “留存扣押物之目的，包括作为证据使用及日后倘经谕知没收时得以执行，并非仅止于保存证据而已。”台湾“最高法院”2010年度台抗字第22号裁定；参阅堀笼幸男，押收，熊谷弘、松尾浩也、田宫裕编，搜查法大系3（第3编），日本评论社，1972年7月，页166；松本时夫、土本武司，条解刑事诉讼法，弘文堂，2006年6月，页171。

用，故法院在考量留存必要性时，若非同时兼具下列二要件，似乎无法否定留存必要性，而难以及时发还[①]：作为得没收财物之可能性显然偏低或几乎不存在；应发还扣押物之对象明确，且无任何财产权之争议[②]。因此，本案扣押裁定虽经撤销确定，惟本案之实体仍在审理中，若有基于相关事证及情况证据，无法肯认同时兼具上述二要件时，通常极易被认为仍具留存必要性，且不因扣押必要性之否定而受影响。

五、留存必要性是否应有具体事项之判断基准？

本案扣押客体之财产，在论理上虽可区分为可为证据之物或得没收之物的扣押。然在多数犯罪所得之财产扣押方面，实务上经常视犯罪所得的本身为保全赃物或类似赃物之违法性的证据扣押；且由于其最终必须发还被害人或无具体个别被害人时应被没收，故通常亦被认为系为确保日后没收执行之得没收物之扣押，而不易明确区分之。其次，当前实务判决经常有“该等扣押物品是否仍认与抗告人之犯行无关，应否谕知没收既未确定，认于判决确定前仍有继续扣押以供查证之必要”[③]、“原裁定以该部分尚在上诉中，认有继续扣押之必要”[④] 等空泛理由，肯认留存之必要性。此虽属事实审法院审酌裁量之权限[⑤]；惟似有忽略“刑事诉讼法”第142条第1项发还扣押物之规定，旨在适切行使刑罚权及致力损害回复之意义。故为使相关法制能本于立法意旨积极适用，应可增订法院于裁定前应征询检察官、被告及辩护人之意见等规定[⑥]，以利其在判决书内叙明对该意见论断之理由。此外，相关裁定亦有以具体事项形成裁量判断基准之必

---

① 例如：被害人所有之物，原则上即非得没收之物，但若被害人数众多，相关存款债权无法特定被害人时，亦难以及时发还。参阅台湾“最高法院”2009年度台抗字第323号裁定。

② 高木俊夫，捜查机关の押收物还付请求却下处分について准抗告审がすべき裁判—最高裁平成15年6月30日第一小法庭决定，ジュリスト，1269号，2004年6月，页206。

③ 台湾“最高法院”2009年度台抗字第129号裁定。

④ 台湾“最高法院”2008年度台抗字第577号裁定。

⑤ 台湾“最高法院”2007年度台抗字第597号裁定、台湾“最高法院”2008年度台抗字第11号裁定。

⑥ 类似立法例，可参酌日本刑事诉讼法第123条第3项“有关前2项之裁定，必须听取检察官、被告及辩护人之意见”的规定；第124条第1项亦有法院在裁定发还被害人赃物时，亦有“听取检察官、被告及辩护人之意见”的规定。德国刑事诉讼法第111条k，在解释上法院亦须在听取诉讼参与人、被害人及主张权利之第三人后，方能裁定发还。Gerd Pfeiffer, a. a. O. §111k Rn. 5；Karl-Peter Julius〔et al.〕，Strafprozessordnung，C. F. Müller，4. Aufl.，2009 §111k Rn. 12；Hannich，a. a. O. §111k Rn. 9.

要，方能进一步促使主张留存（必要性）以利侦查或审判之公共利益及反对留存（必要性）以避免个人权利侵害之过度损失间求得适切之平衡①。再者，一般扣押本身所具证据或没收保全之作用②，应有其界线，不能仅以抽象用语无限扩大其尚有证据或没收（财产）保全之必要性，而失其合理性或有违比例原则。针对前者（证据保全），若扣押物之存在状态、内容既经勘验等之确认，足以作为判断可疑事实之关联性等证据作用；且能以复制方式，重现或载明于笔录时，应至少可降低留存之必要性。针对后者（没收“财产”保全），若扣押物之价值、占有权利等既经确认后，能提供相当于扣押物财产价值之替代物③或财产④，以确保日后没收之执行，应可排除留存必要性；或该扣押物长期继续留存之结果，极有可能导致以（扣）押物遂行侦查之虞或过度影响个人生计、公司经营等情况⑤时，应可降低留存必要性⑥。最后，针对本案主要在确保日后没收执行之扣押，由于台湾地区现行法并无替代扣押（留存）物之法制，故当前考量与没收保全相对应之留存必要性时之具体事项的裁量判断基准，应以是否可能“导致以（扣）押物遂行侦查之虞或过度影响个人生计、公司经营等具体情况”为准。然本案在程序方面首先指出上级审法院“并未谕知扣押物应即发还等情”，故下级审法院“自得再为扣押裁定”；其次，在实体方面除强调扣押之合理依据外，有关留存必要性⑦，先肯认检方“仍有留案参佐调查之必要，且上级审将来仍有改判全部没收之可能”之函告意见；再以假设用语之“倘法院认有留存之必要，故暂不予以发还，自非法所不许”等

---

① 土屋东一，押收物の取扱いをめぐる诸问题，法律のひろば，37 卷 10 号，1984 年 10 月，页 34。

② 相对于特别“刑法”酌量财产扣押等之保全作用，“刑事诉讼法”第 133 条之（一般）扣押本身，虽不得谓完全不具财产保全性质，然其既以物为限，其之财产保全性质应自有其合理、相当之界线。

③ Hannich, a. a. O. § 111k Rn. 4; Meyer - Goßner, a. a. O. § 94 Rn. 7.

④ 日本剥夺组织犯罪所得法第 26 条及第 46 条，则以一定金额之“代替金”及“解放金”作为执行没收保全及追征保全之担保。

⑤ 目的在避免造成严苛刑罚的结果。日本金融商品交易法第 198 条之 2 为义务没收之规定，但为避免没收结果因过于严苛或不利于返还被害人而不具相当性时，亦设有全部或一部分得不予没收之但书规定。参阅森本和明，证券取引法における相场操纵等の加重类型及び没收・追征规定の创设について，研修，605 号，1998 年 11 月，页 48。

⑥ 参阅鲶越溢弘，押收物の还付，新・判例コンメンタール刑事诉讼法 2，高田卓尔、铃木茂嗣编，三省堂，1995 年 4 月，页 75。

⑦ 台北地院 2009 年度声字第 962 号裁定。

模糊其对本案尚有留存必要性之法律见解及以具体事项作为裁量判断基准之事实说明，实有再清楚、明确说明之余地。

第六节　结　语

台湾地区“刑法”总则没收规定及“刑事诉讼法”（一般）扣押规定均以物为前提，在经济普遍持续发展、金融更加自由化的当今社会，扣押与发还客体，在形式上应该不限于有体物或直接取得之原物；在解释论上亦不应局限于具有相当财产价值而转换、变得之财物，而应着重在其本身所具之利益价值；在立法论上宜将扣押客体扩及一切无体、无形之财产（上利益）或将目前刑事特别法已有没收保全性质之特别扣押扩至易产生巨额利益之重大犯罪相配套的刑事诉讼法制内，此不仅能解决本案非直接取得无体财产得否扣押之问题，亦为较符合主要先进国家刑事扣押法制之立法趋势。其次，没收财产是否仅在形式（名义）上属于犯罪行为（嫌疑）人以外之人（含法人）的财产；或实质上确属于犯罪行为人之被告所有的财产，本属应经传唤、讯问、事实调查及证据评价等实体审理之范畴。针对声请扣押物发还财产之本案的上级法院，限于程序审理相关裁定之时间及调查证据方法等之限制，通常对于类似本案之复杂案件并不易在短时间内真正厘清财产权之归属，故上级法院对于财产权实质归属之争点，若非下级法院明显背离事实或法理，原则上不应率予否定，更不能仅因其在形式（名义）上自始即属法人所有，即认定其为法人所有，即非属被告个人之犯罪所得，而无法没收、扣押之。其之缺失，主要有：（1）并未详述法人名义上所有之财产是否亦有同时属于自然人之被告或其能实质掌控之法人（尤其是独资或转投资时）所有之情况下的法律见解（效果）；（2）在台湾地区法人处罚相关法制不备之际，既未针对自然人集体所组成法人危害行为之重大性及利益性深入斟酌，亦无考量是否符合公平正义之法理、被害人之期待及提出解决本案争点之法律见解。再者，扣押裁定经上级法院撤销后，充其量至多仅是被认为欠缺扣押之必要性，与该扣押物是否必须发还之欠缺留存必要性，各有不同之法律依据。特别是该案仍在上诉期间或上诉中遇有必要情形则更是如此，故撤销扣押财产之裁定并不等同该财产无留存必要性而应及时发还。对此，承审本案之台北地方法院在第一审判决尚未确定前，另行以实质上不置可否之函复方式处理之。此舍弃依法裁定之方式，除有判决未适用法则之缺失外，亦是未能体现“刑事诉讼法”第 142 条第 1 项立法意旨所致。另扣押必要性与留存必要性在学理上分属不同之概念，各有其法律依据；在实务上之认定主体及审酌必要性之要项亦有所不同，故在斟酌留存必要性时，尤须重视：（1）扣押物发还之后有无丧失或毁损之虞？（2）继续扣押时受处分人所受不利益之损害程度是否过当？（3）被扣押物之所有权等之违法性或权利关系是否有争议？最后，基于促使主张留存（必要性）以利侦查或审判之公共利益及反对留存（必要性）以避免个人权利侵害之过度损失间求得适切之平衡的考量，台湾地区一般或特别扣押所具之证据或没收保全作用，应不能仅以抽象理由无限扩大其尚有证据或没收保全之必要性，而失其合理性或有违比例原则。故针对本案本文尝试建议具体事项之判断基准为：若扣押财物之价值、占有权利等既经确认后，为确保日后没收之执行，能提供相当于扣押物财产价值之替代物或财产，则可排除留存必要性；或该扣押物长期继续留存之结果，极有可能导致以（扣）押物遂行侦查之虞或过度影响个人生计、公司经营等情况时，应可降低留存必要性。至于法院对于排除或降低留存必要性之财产在裁定发还之前，应可增订“应征询检察官、被告及辩护人之意见”，利于法官能在判决书内叙明对该意见论断之理由，以兹明确及慎重。

附表一

行为人	名义人	时　间	客　体	涉嫌罪名	犯罪所得
王××（东森集团总裁）	东森得易购公司及东森百货公司	2006年3月至4月	旧东森媒体公司股票808372股及18169674股	“证交法”特别诈欺罪	237330383元（一审，依每股价差12.5元，零股价差14.5元计算） 616786495元（二审，每股价差32.5元计算）
王××（亚太固网常务董事及东禾公司实际负责人）	以旧东森媒体公司100%转投资之东禾公司为名购买	2006年3月至6月	盛泽公司持有67.37%旧东森媒体公司股份系向王××购买	“刑法”背信罪	656831900元（3229256002元－2274966002元＝974962002元）
王××	以美瀚投资公司、东森得意购公司及东森国际公司名义转投资至域外瑞利有限合伙	2006年7月2日	左列三公司可收到出售旧东森媒体公司股票价金7500万元之同日即汇至瑞利有限合伙指定之账户		凯雷集团于2007年11月23日分别退还三公司附表二金额合计55582416美元。其中1212292385元被认定为王××之犯罪所得而扣押之

资料来源：作者自行整理。

附表二

编号	银　行	账　号	户　名	金　额
1	台湾信托商业银行敦南分行	16311990××××	美瀚投资有限公司（Mei Han Invest – ment Limited）	36317544 美元
2	台湾信托商业银行敦南分行	16311990××××	东森得易购股份有限公司（Eastern Home Shopping & Leisure Co., Ltd.）	739256 美元
3	台湾信托商业银行敦南分行	16313101××××	东森国际股份有限公司（Eastern Media International Corpo – ration）	18525616 美元

资料来源：台北法院 2007 年度属重诉字第 3 号裁定、台北地院 2009 年度声字第 962 号裁定。

第六章

金融账户之冻结、扣押或禁止处分

第一节　问题所在

“金融账户”，通常系指一般自然人或法人在金融机构，基于客户与金融机构双方合意后所签订之契约关系而开立、制作之账簿凭证，以利双方债权、债务关系之登记、确认与处理。而“冻结”（freezing）与扣押（seizure）之用语，经常出现于国际公约或各国媒体，然“冻结”并非我国台湾地区现行法律之用语，为与传统之扣押有所区分，应可理解为扣留或控制现有之债权，而禁止所有权人自由使用、处分、转让或移转之暂时措施[①]。“扣押”乃传统“刑事诉讼法”内[②]，针对可为证据之物或得予没收之物，剥夺所有（使用）权人占有之措施[③]。至于“禁止处分”，在我国台湾地区仅存于“洗钱防制法”第9条，乃在有事实足认被告利用账户、汇款、通货或其他支付工具从事洗钱者，得声请该管法院指定6个月以内之期间，对该笔洗钱交易之财产为禁止提款、转账、付款、交付、转让或其他相关处分之措施。此三种措施，在理论上通常均具有暂时性强制处分之特点；且在适用主体、客体、要件、期限、救济措施等有所差异。特别是对于我国台湾地区近年来以人头账户洗钱或诈欺等犯罪益加盛行之政治、经济、社会等情势，针对金融账户内之债权，是否能扩大沿用传统“刑事诉讼法”扣押客体以（有体）物为限的见解；抑或仅能以“洗钱防制法”之禁止处分相因应；抑或直接以依据“银行法”第45条之2第2项及第3项[④]为法源所制定之“银行对疑似不法或显属异常交易之存款账

---

① 参阅联合国1988年反毒公约第1条第1款及第5条第2款、2000年防止国际组织犯罪公约第2条f款及第12条第2款或反腐败公约第2条6款及第31条第2－3款之内容。

② “刑事诉讼法”第133条第1项规定：“可为证据或得没收之物，得扣押之。”另有区分为广义扣押物（包括可为证据之物及得没收之物）及狭义扣押物（仅指得没收之物）之见解。柯庆贤，论修正之搜索及扣押（下），法律评论，67卷7－9期，2001年9月，页2－3；亦有区分为一般客体（证据物件及得没收之物）及特别客体者（公务上应秘密之物及邮件电报）。蔡墩铭，刑事诉讼法论，五南，2002年10月，页218－219。

③ 参阅黄朝义，刑事诉讼法，一品文化，2006年9月，页221；林钰雄，搜索扣押注释书，元照，2001年9月，页197－198。

④ “银行法”第45条之2第2项为：“银行对存款账户应负善良管理人责任。对疑似不法或显属异常交易之存款账户，得予暂停存入或提领、汇出款项。”第3项为：“前项疑似不法或显属异常交易账户之认定标准，及暂停账户之作业程序及办法，由主管机关定之。”

户管理办法”中第4条第2款①及第5条第2款②，将该特定存款账户通报为第二类之警示账户后，即可达暂停该账户全部交易功能之作用，并无较全面及深入之探讨。上述相关法规之适用，除与扣押等强制处分之目的、程序密切相关外，亦攸关“宪法”保障之财产权、（个人资料之）隐私权，故亟待从国际公约有关“冻结”立法趋势之观点，补强相关的法理论或法制度。此在消极方面可以避免实务单位适用上之混淆或裹足不前；若能进一步提供修法之重点及方向，当能在积极方面利于国际刑事司法互助之请求与执行，亦能更确保被害人之损害回复或没收等之执行。

第二节　金融账户与特定财产犯罪之关系

一、金融账户之定义与内容

金融账户虽非“银行法”或“刑法”等法律之专门用语，一般人对其通俗的了解，应该可以解释为在金融机构开设具有金钱价值（债权等）的账户（凭证），故亦可理解为金钱账户③。其法律关系源自于账户所有人与金融机构之契约内容；其之种类（名称）颇多，较常见的有（活期、定期、支票）存款账户、证券账户、信托账户、信用交易（融资、融券）账户等；其之内容均为金钱债权；其之存在多为有实体的账簿（存折），但亦有无实体的电磁记录。

① 该规定所称第二类疑似不法或显属异常交易存款账户，计有：（1）属警示账户者；（2）属衍生管制账户者。

② 明文规定银行对第二类疑似不法或显属异常交易者，应采取下列处理措施：（1）存款账户经通报为警示账户者，应即通知金融联合征信中心，并暂停该账户全部交易功能，汇入款项迳以退汇方式退回汇款行；（2）存款账户属衍生管制账户者，应即暂停该账户使用提款卡、语音转账、网络转账及其他电子支付功能，汇入款项迳以退汇方式退回汇款行；（3）依其他法令规定之处理措施。

③ 惟因账户内债权存在的形态，并非只有现金（货币），亦包括有价证券、黄金等各种不同商品之期货等债权，故本文通称为金融账户。

二、金融账户与洗钱或诈欺等犯罪之关系

就“银行法”之立法目的或防制金融犯罪之观点[①]，金融账户除是现代人从事经贸、商务活动之重要工具；亦是一般人投资理财、移转资金之主要管道。故每涉及民事之商业纠纷、刑事之（财产）犯罪或履行公法上（纳税等）行政义务之处分时，各金融机构基于法律及配合国家金融政策，多有协助管控、报告特定金融账户之义务。而金融账户所有人之债权，因具有个人专属之金钱（经济）价值或可能系源自犯罪之利得，而具有使司法机关利于调查、确认、管控及处理之特定性及变现性，故常成为假扣押、扣押、禁止处分或强制执行之标的[②]。

金融账户与一般犯罪之关系虽非十分密切，但对于诈欺犯罪、经济犯罪或洗钱犯罪等特定之财产犯罪，由于金融账户本身早已成为暂时寄存、取款之犯罪工具外；亦为掩饰、隐藏或迅速移转犯罪所得之捷径。故在防制上述相关犯罪时，如何追究虚伪开户者之刑责？如何确认是否为本人亲自开户？如何强化金融机构申报疑似洗钱交易之义务并免除其从业人员之守密义务等，均为防制滥用金融账户最初应该建构之法制及作为[③]。然若从侦查滥用金融账户犯行之观点，从犯行实施后之时间点开始，如何追查、确认犯行[④]或犯罪所得即为最优先之课题。其次，该特定财产犯罪之行为人，为逃避侦查机关之查缉及保有犯罪所得，通常也多会以他人名义（人头）之金融账户收受、寄存或移转犯罪所得。因此，司法机关在侦查期间如何依法管控该特定金融账户所有人之债权，让其无法任意提领、移转或转让等；使其既可为犯行之证据，亦可为日后执行没收、追征等财产

---

① “银行法”第1条揭橥之立法目的为：“为健全银行业务经营，保障存款人权益，适应产业发展，并使银行信用配合国家金融政策，特制定本法。”故银行为防制金融犯罪，适时介入金融账户之管理或警示，以善尽其作为善良管理人之职责及配合国家金融政策之社会责任。虽与民法物权（支配权）及债权（契约自由）等有所扞格，然其保护存款账户所有人之财产权的目的，确是完全符合“银行法”之立法目的，亦为当时增订“银行法”第45条之2第2项、第3项之立法理由。

② 参阅中根敏胜，差押・反差押の法的效果と实务上の留意点，银行法务21，690号，2008年7月，页5-6。

③ 李杰清，我国台湾地区“洗钱防制法”“确认身分”规定之研究—与日本“本人确认法”比较之观点，2003年洗钱防制工作年报，“法务部”调查局，2004年4月，页61-66。

④ 有关人头账户之处罚，参阅郑善印，人头账户刑责之研究刑责，律师杂志，320期，页18-25，2006年5月；庆启人，防制人头账户成为洗钱管道刍议，国会月刊，35卷4期，2007年4月，页74-95；庆启人，论人头账户之刑事处罚，全国律师，11卷10期，2007年10月，页85-104。惟并未论述金融账户内犯罪所得之财产扣押或禁止处分等问题。

刑之保证；或为日后优先返还犯罪被害人财产之担保，无论系基于法益保护或损害回复之法理，均可谓极为重要。

三、人头金融账户内财产权益之归属

上述“在侦查期间如何依法管控该特定金融账户‘所有人’之债权”，确有其之必要性及迫切性。而该金融账户内金钱债权之归属，在本质上即为民事法之问题。故就金融机构而言，人头金融账户内被提领的现金，主要可能由单、复数不同的汇款人一次或多次汇入特定之人头账户；再由该账户之占有人（所有人或名义人）提领、使用等。因此，依法管控该特定金融账户之作为前，为避免金融机构违反与账户名义人之消费寄托契约；或遭汇款人指控不当得利或过失侵权行为之损害赔偿[①]的法律风险，应有必要厘清人头金融账户内财产权益之归属。另在刑事法方面，不论扣押或禁止处分均有执行对象（受处分人）及客体（财物或金钱债权）等问题，若有涉及犯罪被害人或善意第三人之财产，日后更可能有发还扣押物之（发还）对象或撤销禁止处分后该特定财产归属何人之程序等问题。特别是司法机关针对当前盛行的洗钱或诈欺犯罪者，惯用的自愿型（无偿）或交易型（有偿）之人头账户内特定财产发布禁止处分命令；或将金融账户（账簿）作为犯罪证据实施扣押之际，若该特定账户内资金之提领或存、汇款频繁进出时，该金钱债权是否可以特定而区分？是否即属名义人、占有人或汇款人而毫无争议等，亦有本于民、刑事法之观点深入探讨之必要。

（一）契约法之考察

一般活期存款的金融账户，在不同时期，虽各有不同资金进出的异动，但这些资金最终异动（增减）累积的结果，法律上只视其为一个存款债权[②]。因此，账户名义人在没有授权或委托他人开户的情况下，该账户

---

① “民法”第179条规定：“无法律上之原因而受利益，致他人受损害者，应返还其利益。虽有法律上之原因，而其后已不存在者，亦同。”“民法”第184条第1项规定：“因故意或过失，不法侵害他人之权利者，负损害赔偿责任。故意以背于善良风俗之方法，加损害于他人者亦同。”

② 中田裕康，银行による普通预金の取引停止・口座解约，金融法务事情，1746号，2005年8月，页21；岩原绅作、森下哲朗，预金の归属をめぐる诸问题，金融法务事情，1746号，2005年8月，页40。

内之债权应归属于名义人[①]，即为与银行签定存款契约之当事人。又若账户名义人开户后将该账户售予他人之行为，由于已违反与银行间之契约或规定事项；或因违反“民法”第72条而成为无效之法律行为[②]，该账户仍非属于名义人以外之第三人（占有人或汇款人）。

（二）物权法[③]之考察

人头账户存款名义人通常仅以些微之金额开立账户后，即脱手贩售。待诈骗集团先后使（单、复数）被害人汇款后，累积成与当初开户金额显不成比例之金额时，该金钱债权是否必然均为账户名义人之所有，并非无疑[④]。例如：对于账户名义人以日币100元开户之后，他人汇入日币7700万元之案件，东京高等法院即判决该债权非属于名义人[⑤]。因此，就物权法之考察，存款账户内债权（金额）变动之有无，不应只囿于契约法的思考，将形式上之账户名义人作为该债权之实质所有权人，而应本于利益衡量之思考，视汇款人为人头账户存款债权之所有人[⑥]。惟此物权法考察之缺失在于：该部分存款金额虽源自于汇款人之汇款行为，但该汇款账户内所产生之存款债权，却是基于存款开户人与金融机构之消费寄托契约所产生，而该契约基本上与汇款人并无直接关系，故个别汇款人似乎难以分别主张对各自特定存款账户之个别债权[⑦]。

（三）刑事法之考察

上述民事观点之契约法或物权法之考察，都各有其法律论证之学理依

---

① 阶猛，预金口座の不正让渡等と不正利用への对应，金融法务事情，1730号，2005年2月，页15－16。

② “民法”第72条规定：“法律行为，有背于公共秩序或善良风俗者，无效。”参阅阶猛，预金口座の不正让渡等と不正利用への对应，金融法务事情，1730号，2005年2月，页15；中田裕康，预金の归属をめぐる诸问题，金融法务事情，1746号，2005年8月，页21。

③ 相对于契约法考察之重点在于人与人之关系，物权法考察之重点则在于资金与人之关系。岩原绅作、森下哲朗，预金の归属をめぐる诸问题，金融法务事情，1746号，2005年8月，页36。

④ 石井真司、伊藤进、上野隆司，鼎谈普通预金における预金者认定，银行法务21，513号，1998年7月，页31；岩原绅作、森下哲朗，预金の归属をめぐる诸问题，金融法务事情，1746号，2005年8月，页40。

⑤ 东京高判平成15年7月9日判决。岩原绅作、森下哲朗，预金の归属をめぐる诸问题，金融法务事情，1746号，2005年8月，页40。

⑥ 岩原绅作、森下哲朗，预金の归属をめぐる诸问题，金融法务事情，1746号，2005年8月，页51。

⑦ 的场纯男，银行预金をめぐる犯罪，商事法务，1137号，1988年3月，页31；岩原绅作、森下哲朗，预金の归属をめぐる诸问题，金融法务事情，1746号，2005年8月，页40。

据。惟就金融机构业务处理之观点，厘清人头账户内存款债权之归属，更是与作为该账户善良管理人之金融机构避免因管控账户作为，使其陷于账户名义人指称其违约，债务不履行之风险；又被害人指控其不当得利或侵权行为损害赔偿之责任等进退两难之困境①密切相关。另就刑事法之观点，无论是账户名义人或占有人取得之存款债权或现金，因都具有犯罪所得或赃款之性质，其之所有权仍然属于犯罪被害人之汇款人。故若执行扣押对象错误或扣押发还对象错误或重大延误时，受处分人得依“刑事诉讼法”第142条声请发还或依第416条提起准抗告。又该人头账户内存款债权之归属，基于发还被害财产优先于执行没收之损害回复的法理，似乎与依据契约说主张存款债权应归属于账户名义人之见解无关。然由于汇款人个别汇款金额累计后，可能已被提领一空；可能难以区分，不具特定性，故无法主张个别债权，而只能依最终累计总额成立一个债权②。汇款人若要取回该被害债权，论理上只能请求刑事附带民事诉讼③或直接提起民事诉讼，故终究仍须以民事法之观点，全面检视汇款人的汇款事由及法律原因、账户开立人之意图、账户名义人之真实性及账户占有（管理）人等情况综合判定之④。

四、小　结

现代人使用金融账户进行各种商业交易或投资、消费等行为，已是极为普遍之现象。故诈欺、洗钱等经常移转高额资金之特定财产犯罪者，以金融账户寄存资金（财产），虽可能会增加被查获之线索或被申报疑似洗钱交易（检举）之法律风险，但藉由金融账户利用金融体系，达成资金移转或进而投资、交易等商业活动，相较于其他方式，仍具有较高的安全性、便捷性及利益性。另相关之法律风险，若能以人头账户实施之，在相当程度上仍可暂时阻挠或阻绝司法机关之侦查作为，此乃人头账户盛行的

---

① 渡辺博己，预金口座の不正利用と金融机关による利用停止・强制解约等，银行法务21，635号，2004年8月，页9；渡辺隆生，盗难キャッシュカードで振り込まれた预金の払戻しと被仕向银行の责任，银行法务21，657号，2006年3月，页25。

② 阪口彰洋，预金债权の归属，金融・商事判例，1211号，2005年3月，页11。

③ “刑事诉讼法”第487条第1项规定“因犯罪而受损害之人，于刑事诉讼程序得附带提起民事诉讼，对于被告及依民法负赔偿责任之人，请求回复其损害”。第2项规定“前项请求之范围，依民法之规定”。

④ 岩原绅作、森下哲朗，预金の归属をめぐる诸问题，金融法务事情，1746号，2005年8月，页40。

主因。至于以人头账户诈欺取财或洗钱犯罪时，现行“刑事诉讼法”或特别“刑法”之扣押、禁止处分等虽得以达到暂时管控之效果，但实质财产权益归属者亦得依“刑事诉讼法”第 142 条声请发还或依第 416 条提起准抗告。另就回复损害之观点，特别是该账户内剩余款发还之问题，仍与民事法密切相关，其之债权归属仍需综合各种情况方能进一步判定之。

第三节　我国台湾地区在制度面对金融账户强制处分之分析与国际公约之比较

一、“刑事诉讼法”之扣押与刑事特别法之酌量财产扣押

（一）“刑事诉讼法”的扣押

“刑事诉讼法”第 11 章明定搜索与扣押的程序，其中扣押事由及物件均须明载于搜索票[①]，并无单独存在之（扣）押票，故扣押多附随于搜索，然“刑事诉讼法”亦允许个别存在之附带扣押与另案扣押[②]。足见搜索与扣押具有手段与目的之关系，而扣押在确保犯罪侦查及刑罚执行之目的性功能，亦高于搜索所具发现、探索及侦查之手段性功能。

“刑事诉讼法”第 133 条第 1 项规定“可为证据或得没收之物，得扣押之”。此乃说明扣押的客体，基本上以可为刑事证据或日后有可能成为没收客体之“（有体）物”为限；其次，针对该扣押物并非“应”以扣押，而系在主客观上仍有扣押是否有合理根据[③]或有无管理可能性及必要性等斟酌、判断之空间。

（二）刑事特别法的财产扣押

“贪污治罪条例”第 10 条第 4 项、“组织犯罪防制条例”第 7 条第 3 项、“毒品危害防制条例”第 19 条第 2 项、“洗钱防制法”第 14 条第 2 项

---

① “刑事诉讼法”第 136 条第 2 项规定：“命检察事务官、司法警察官或司法警察执行扣押者，应于交与之搜索票内，记载其事由。”

② 此为“刑事诉讼法”第 137 条、第 152 条之规定。相关问题参阅张丽卿，验证刑诉改革脉动，五南，2004 年 9 月，页 61 - 66。

③ 黄东熊、吴景芳，刑事诉讼法论（上），三民，2010 年 2 月，页 195 - 196。

及"人口贩运防制法"第35条第2项多有类似"必要时"[①]、"酌量"财产扣押之规定。由此可见，在论理上"刑事诉讼法"传统之扣押，原则上仅限于有体物，但至多尚能扩及通货、现金等之财物或有价证券、债权证书等之物[②]，而无法涵盖金融账户内之债权本身的财产利益。否则，上述刑事特别法为利于没收[③]、追缴、追征或抵偿[④]等之执行，特别制定财产扣押之规定，即属叠床架屋、画蛇添足之立法。其次，由于财产扣押之性质，仅系确保没收不能时，其他刑罚或处分之执行，与传统扣押同时兼顾保全证据或确保没收之目的有所差异。因此，刑事特别法对财产（包括财产上利益）之扣押，相对于传统"刑事诉讼法"对物之扣押，实具有没收保全之性质，其之法律性质已类似国际公约之扣押或各国没收保全目的之扣押。

二、"洗钱防制法"之禁止处分

（一）立法沿革

"洗钱防制法"（以下较频繁出现处，简称为本法）第9条禁止处分之规定系于2003年修法时首次增订于本法第8条之1[⑤]。主要乃参酌美国"金融机构对外国资产管制办法"（Foreign Assets Control Regulations for the

---

① 此"必要时"之用语等同于"刑事诉讼法"第122条第1项对被告或犯罪行为人发动搜索（扣押）门槛之"合理根据"，与"刑事诉讼法"第122条第2项对第三人发动搜索（扣押）门槛之"相当理由"相较，已有程度之差异。财产扣押以前者（必要时）为发动门槛，而非后者（相当理由），除显然偏低外，似未考量可能之第三人财产扣押的情形。参阅林钰雄，搜索扣押注释书，元照，2001年9月，页65；黄东熊、吴景芳，刑事诉讼法论（上），三民，2010年2月，页194-196。

② 松本时夫、土本武司编，条解刑事诉讼法，弘文堂，2008年2月，页171。

③ 刑事特别法内对于没收不能时之扣押财产，仅存于"组织犯罪防制条例"第7条第3项。其余刑事特别法之扣押财产多系为确保追征及抵偿之执行。

④ 现行"刑法"将没收、追征、追缴或抵偿均视为从刑（附加刑），彼此之间是否有替代关系及其顺位如何等，实有斟酌再次修法之必要。特别是执行财产刑方面，各国鲜有以一种从刑无法执行时，再执行第二种或第三种从刑之论理，不仅有违刑罚理论，更有背于责任原则之虞。

⑤ 当时增订条款为第8条之1第1项为："检察官于侦查中，有事实足认被告利用账户、汇款、通货或其他支付工具从事洗钱者，得声请该管法院指定6个月以内之期间，对该笔洗钱交易之财产为禁止提款、转账、付款、交付、转让或其他相关处分之命令。其情况急迫，有相当理由足认非立即为上开命令，不能保全得没收之财产或证据者，检察官得迳命执行之，但应于执行后3日内报请法院补发命令。法院如不于3日内补发时，应即停止执行。"第2项为："前项禁止提款、转账、付款、交付、转让或其他相关处分之命令，法官于审判中得依职权为之。"该二项之内容迄今仍与现行"洗钱防制法"第9条第1项及第2项相同。

Financial Community）内有关“冻结账户”（Blocked Account）之概念[①]。其次，对于汇款或其他通货以外之支付工具（例如：支票、有价证券），因仍有被不法分子利用为从事洗钱工具之虞，故亦明列其为得禁止或限制金融交易之范围。再者，本法于2007年7月第三次修正时[②]，为兼顾对财产所有权之合理尊重，并俾利侦查洗钱犯罪个案之特殊性，爰增订如有继续延长之必要者，检察官应于期间未满前，检附具体理由，声请法院裁定于6个月以内期间延长之，并以延长一次为限[③]。

（二）适用要件

1. 适用主体

本法第9条禁止处分之适用主体，主要为侦查中之检察官或审判中之法官各依其职权声请或命令之，惟前者（检察官）在侦查中有事实足认成立洗钱行为时，须向法院声请之。但情况急迫时，有相当理由足认非立即为该禁止处分，无法保全得没收之财产或证据者，检察官得迳命执行之。但应于执行后3日内声请法院补发命令。法院如不于3日内补发或检察官未于执行后3日内声请法院补发命令者，应即停止执行。

2. 执行对象

本法第9条禁止处分明文规定为：“检察官于侦查中，有事实足认被告……从事洗钱者。”故其执行对象为涉嫌从事洗钱行为者。惟该涉嫌洗钱行为之程度，不应只是达到“刑事诉讼法”第228条第1项[④]发动侦查之程度，而应该达到有较高的可能性（或盖然性）足以确认为洗钱犯行的具体事实。因此，乍看之下仅列被告并无不妥。然实质上，由于“刑事诉讼法”并未明定何时始由犯罪嫌疑人变成被告，故在侦查实务上，有自首次制作警询笔录时，即被称为被告；亦有视案件由“他”字案变成“侦”字案时始称为被告，至于根本无视于可能犯罪事实侦查进展之情况，一概将犯罪嫌疑人统称为被告之情形，更是时有所见。故针对本规定执行对象

① 编辑者，“立法院”审查“洗钱防制法修正草案”，“立法院”公报，92卷8期，2003年1月，页988、990。

② 本法于2006年5月第2次修法时，仅修正第3条、第9条及第15条。当时禁止处分的规定（第8条之1）并未更动。

③ 编辑者，“立法院”审查“洗钱防制法修正草案”，“立法院”公报，96卷54期，2007年7月，页532。

④ “刑事诉讼法”第228条第1项规定“检察官因告诉、告发、自首或其他情事知有犯罪嫌疑者，应即开始侦查。”

之行为人，条文仅明列“被告”，而无“犯罪嫌疑人”，似有受实务经常混用被告用语之影响。因此，为避免其在执行上之疑虑；或缓和该“被告”用语之身份属性与本规定常用于“侦查中”处于明显不符或紧张之关系，应有增列“或犯罪嫌疑人”而成为“被告或犯罪嫌疑人”①之必要。

3. 执行客体

本法明定执行禁止处分之行为客体为“该笔洗钱交易之财产”，包括对其禁止提款、转账、付款、交付、转让或其他相关处分之命令。但并未排除存款或汇入账户等增加“该笔洗钱交易之财产”在内之作为，因此实质上并非完整、全面地禁止该账户或“该笔洗钱交易之财产”相关之一切交易。因此，司法实务单位在执行禁止处分时，除非该账户内只有“该笔洗钱交易之财产”，否则以禁止处分或“刑事诉讼法”扣押规定冻结整本账户之作法，显然于法无据。此若本于禁止处分之目的乃在于“保全得没收之财产或证据”之观点，考量该规定对个（法）人人格权（隐私权、名誉权）、财产权等之影响，亦可基于比例原则得到相同的结论。

4. 禁止时间

本法禁止“该笔洗钱交易之财产”的时间，为检察官所属该管法院所指定“6个月以内之期间”，亦即以6个月为上限，并非均为6个月，实际上乃授权法官依相关卷证资料酌定期限。另若法官所指定期间，确有继续延长之必要者，检察官应检附具体理由，至迟于期间届满之前5日声请该管法院裁定。但延长期间不得逾6个月，并以延长一次为限。此时，法院裁定延长的时间，虽以6个月为上限，但亦非每次延长均须为6个月，故依本法最长可以禁止处分的期间为1年。此相对于“刑事诉讼法”一般扣押物之扣押期间，通常并无明确上限之规定，本规定应可视为台湾地区合理保障财产权之规定。

三、“银行法”之警示账户

“立法院”于2005年4月审议通过“银行法”第45条之2第3项之规定，明定“疑似不法或显属异常交易账户之认定标准，及暂停账户之作业程序及办法，由主管机关定之”。故银行局于2006年4月特发布“银行

① 类似用语的冲突与对立亦存于“刑事诉讼法”第228条第4项，为避免误用或误解的用语，应该是“被告或犯罪嫌疑人”，而非现行法仅有“被告”而无“犯罪嫌疑人”。

对疑似不法或显属异常交易之存款账户管理办法”（以下简称为“异常交易管理办法”）[①]，其中对疑似不法或显属异常交易之存款账户区分为下列三类：其中依法扣押、禁止处分或伪冒开立之存款账户属于第一类；警示账户及衍生管制账户[②]则属第二类；其余如“禁止户恢复往来，且交易有异常情况者”等疑似洗钱表征者多列为第三类。而警示账户亦正式定义为：“指法院、检察署或司法警察机关（以下简称“检警调单位”）为侦办刑事案件需要，通报银行将存款账户列为警示者。”其之管制方式主要如次：

（一）处理方式

存款账户经通报为警示账户者与经查证为该警示账户同一开户人所开立之其他存款账户而被列为衍生管制账户者之处理方式有所差异。前者，银行应即通知金融联合征信中心，并暂停该账户全部交易功能，再以汇入款项迳以退汇方式退回汇款行。后者，银行则应即先暂停该账户使用提款卡、语音转账、网络转账及其他电子支付功能，再以汇入款项迳以退汇方式退回汇款行。

（二）内部管制

银行除依“异常交易管理办法”对不同类别的账户分别处理外，相关处理的情况亦须采取下列内部管制之作为，以落实内部稽查及健全金融监理机制：（1）循内部程序通报所属总行或总管理机构之专责单位；（2）将已采行及拟采行之处理措施一并陈报总行或总管理机构之专责单位；（3）于银行内部信息系统中加以注记，提醒各分支机构加强防范。

（三）与他类账户竞合时

“异常交易管理办法”第 8 条对于某存款账户之款项若已遭扣押或禁止处分，复又接获法院、检察署或司法警察机关通报为警示账户时，则明文规定不能将该账户排除于外，仍应列为警示账户，但明示该等款项优先依扣押或禁止处分命令规定办理。

（四）警示期间及误列时银行之协助义务

警示账户之警示期限自每次通报时起算，逾 5 年自动失其效力，但有

① 2006 年 4 月 27 日“行政院金融监督管理委员会”金管银字第 09510001640 号令订定发布全文 20 条；除第 14、16、18、19 条自 2007 年 1 月 1 日施行外，自发布日施行。

② 衍生管制账户系指警示账户之开立人所开立之其他存款账户。

继续警示之必要者，原通报机关应于期限届满前再行通报之。警示账户之开户人对其存款账户被列为警示时，如有疑义，由开户人洽原通报机关（即检警调单位）处理，银行于必要时并应提供协助。

（五）发还警示账户内之剩余款

"银行法"第48条第1项规定："银行非依法院之裁判或其他法律之规定，不得接受第三人有关停止给付存款或汇款、扣留担保物或保管物或其他类似之请求。"故金融机构若非依法院判决或其他法律之规定，不得接受第三人有关停止给付存款或汇款等之类似请求。但由于诈欺盛行，遭警示账户冻结无法提领之款额与日俱增，易遭民怨。因此，"异常交易管理办法"第11条规定，存款账户经通报为警示账户，银行经确认通报原因属诈财案件，且该账户中尚有被害人汇（转）入之款项未被提领者，应依开户资料联络开户人，与其协商发还警示账户内剩余款项事宜。若仍无法联络开户人者，应透过汇（转）出行通知被害人，由被害人检具证明文件[①]，经银行依汇（转）入时间顺序逐笔认定其尚未被提领部分，由最后一笔金额往前推算至账户余额为零止[②]，发还警示账户内剩余款项。又银行依本条规定办理警示账户剩余款项之发还，如有：(1) 剩余款项在一定金额以下，不符作业成本者；(2) 自警示通报时起超过6个月，仍无法联络开户人或被害人者；(3) 被害人不愿报案或不愿出面领取款项者，得迳行结清该账户，并将剩余款项转列其他应付款，俟依法可领取者申请给付时处理。但银行须经通报解除警示或警示期限届满后，方得解除对该账户开户人之警示效力。另若有疑似交易纠纷或案情复杂等情事，则不适用上述所定剩余款项发还之规定，而应循（民事）司法程序办理。

四、我国台湾地区与国际公约对财物或金融账户扣押、冻结之比较

联合国于1988年、2000年及2003年先后制定的《反毒公约》、《防止国际组织犯罪公约》及《反腐败公约》内，对于冻结或扣押的定义为："依照法院或者其他主管机关的命令暂时禁止财产转移、转换、处分、移

---

① 通常系指：(1) 刑事案件报案三联单；(2) 汇（转）入款证明；(3) 申请不实致银行受有损失，由该被害人负一切法律责任之切结书。

② 此就一般民众或被害人之观点，"异常交易管理办法"第11条之规定，实质上即为在汇（转）入款项尚未被提领（转出）的前提下，采行"后进先出"法。

动；或对财产实行暂时性扣留或控制。”① 同时，均有类似“各缔约国还应制定可能必要的措施，使其主管当局得以识别、追查和冻结或扣押本条第1款②所述的收益、财产、工具或任何其他物品，以便最终予以没收”的规定③。故基于上述公约之理解，得知：首先，公约基于各国法制之差异，并未严格区分冻结与扣押之差异。其次，冻结或扣押之主体并未仅限于法院，尚况及其他司法、行政等之主管机关。再者，冻结或扣押之客体包括一切犯罪所得或与其价值相当之财产；已用或将用于该公约所规定犯罪行为之财产、设备或其他工具④。最后，冻结或扣押之目的乃在于最终得予没收或返还⑤，故“辨识”、“追查”均属犯罪侦查之作为，而“冻结”（非我国台湾地区法律用语）及“扣押”多为确保没收执行之手段。此种手段虽非执行没收前绝对必要之（强制处分）程序，但若未有针对实体物之扣押或抽象权益之冻结，必然无法因应现在经济社会以多元方式存在之各种财产权益。因此，在世界各国金融日渐自由化的现况下，如何针对瞬间即能跨境移转之犯罪所得，确保其之没收或返还被害人，以增进犯罪无利可图之规范意识或犯罪被害人及时之损害回复，对于洗钱、诈欺等特定财产犯罪之特别预防及一般预防，实有迫切之必要性。

综上，本于国际公约区分扣押及冻结用语之意涵，并参酌扣押及冻结在先进国家适用之情形⑥，在解释上大致可以理解为⑦：扣押原则上并非完全只限于有体物或原物之本身，亦扩及具有财产价值存在外形之现金、货币、支票等支付工具之财物；冻结基本上则是在财物之外，以具有债权等

---

① 参阅联合国反毒公约第1条l款、防止国际组织犯罪公约第2条f款、反腐败公约第2条f款之内容。

② 例如：联合国反毒公约第5条第1款之规定为：各缔约国应制定可能必要的措施以便能够没收：（a）从第3条第1款确定的犯罪中得来的收益或价值相当于此种收益的财产；（b）已经或意图以任何方式用于按第3条第1款确定之犯罪的麻醉药品和精神药物、材料和设备或其他工具。

③ 参阅联合国反毒公约第5条第2款、防止国际组织犯罪公约第12条第2款、反腐败公约第31条第2款之内容。

④ 参阅联合国反毒公约第5条第1款、防止国际组织犯罪公约第12条第1款、反腐败公约第31条第1款之内容。

⑤ 参阅联合国反腐败公约第3条第1款“本公约应当根据其规定适用于对腐败的预防、侦查和起诉以及根据本公约确立之犯罪所得的冻结、扣押、没收和返还”及第31条第9款“不得对本条的规定作为损害善意第三人权利的解释”。

⑥ 李杰清，没收洗钱犯罪所得的实体与程序，检察新论，3期，2008年1月，页256、258。

⑦ 由于各国刑事程序相关法规的用语、意涵及执行客体等多有所出入，故难以呈现明确、完整且具一致性之见解。

价值之财产权益为主，较常适用于金融机构业务相关之各种名目的金融账户。其次，扣押及冻结之最终目的均为确保没收执行的手段，该具强制处分性质之手段，相对于终局性制裁结果之没收，通常具有前置阶段性、暂时性与及时性的特性。亦即扣押及冻结均为没收前的前置阶段，该阶段的结果仅是暂时剥夺所有权人占有、使用、处分财产之权益，无涉于最终财产权之归属[①]；而且该强制处分准驳之审核通常须具有关键性或紧急迫切性，若无法及时因应处理，相关证据或财产恐有遭隐匿、掩饰或灭失等之虞，难以起诉、审判，更无法回复损害或确保没收等之执行。

上述对国际公约之扣押及冻结之解释及分析，相较于我国台湾地区传统“刑事诉讼法”之扣押、特别“刑法”“组织犯罪防制条例”等之酌量财产扣押、“洗钱防制法”之禁止处分及“银行法”之警示账户等，足以凸显下列法制面的问题：

（一）“刑事诉讼法”之扣押

台湾地区“刑事诉讼法”扣押之客体仍以有体物为限，极易产生执法之漏洞，难以确保没收执行或发还被害人。参酌国际公约及先进国家之立法例，应有考量扩及债权等无体物之必要。否则，为减少执法漏洞，应另行建置以债权等财产权益为客体之冻结规定，才能较全面依法管控金融账户内金钱债权之问题。其次，“刑事诉讼法”扣押的客体除可为证据之物，尚有得没收之物。因此，实务上司法机关扣押账簿的行为，在解释上多被认为系作为可为证据之物；抑或同时兼顾作为得没收之物的性质。然前者，若有严重涉及受处分人合法（混合）财产权益或涉及善意第三人财产权益时，仍有必须严守比例原则及发还善意第三人之问题。后者，扣押存折账簿基本上只是债权存在金融机构之记录或凭证而已，扣押效力在理论上并不扩及金钱债权，故不能解释其为（兼）作为得没收物（或金钱债权）之扣押。最后，国际公约之扣押或冻结的客体可扩及债权等一切财产权益，因此具有扣押保全（财产）或没收保全（财产）之性质，而我国台湾地区“刑事诉讼法”之扣押，除证据保全外，论理上至多仅具有财物保全之性质，并未具有债权等一切混合、变得（转换）之财产保全的性质。

（二）特别“刑法”之酌量财产扣押

台湾地区于2006年10月及12月分别制定之“洗钱防制法”（第14

① 何帆，刑事没收研究—国际法与比较法的视角，法律，2007年3月，页174－175。

条第 2 项）及“组织犯罪防制条例”（第 7 条第 3 项）之酌量财产扣押规定，主要乃受到国际公约及台湾地区犯罪情势之影响。该规定除在补强传统扣押通常仅限于有体物之漏洞外，亦是台湾地区首次明文没收（追缴、追征、抵偿）保全性质之扣押，意义重大。然较大的争议在于制度面上仍缺乏足以相对应的配套措施或救济程序，致使其在适用等执行面之成效不彰，实务上为避免争议仍多限缩于与犯行直接密切相关之财物层面。日后，若为确保没收等之执行，应可在改善缺失后适切扩至债权等无体财产权益之扣押。

（三）“洗钱防制法”之禁止处分

2003 年首次增订于“洗钱防制法”之禁止处分，堪称台湾地区针对金融账户内之金钱债权最早采取之部分冻结措施。经由之后的修正，现行“洗钱防制法”第 9 条之规定，在适用主体方面较为严谨；在禁止时间方面亦有明文最长 1 年的期限，堪称妥适。然在适用对象之行为人方面仅限于从事洗钱者；行为客体方面亦仅限于该笔洗钱交易之财产。因此，对于寄存于金融账户内之毒品、贪污或诈欺犯罪所得，若无掩饰、隐匿犯罪所得之客观行为及主观意图，仍然无法以本法之禁止处分冻结之。其次，短时间内有多笔洗钱交易汇入后，最后若仅能禁止处分最后二笔洗钱交易时，显然只能达到保全证据之目的，而无法充分达到保全应没收多笔洗钱交易财产之总额的作用。

（四）“银行法”之警示账户

“银行法”之警示账户基本上是仅针对诈欺取财日渐嚣张之犯罪情势，所制定之行政法制。目的在促使银行对存款账户应负善良管理人责任，与国际公约扣押或冻结之刑事法制显然有别。其次，以“异常交易管理办法”之内容而论，其将疑似不法或显属异常交易之存款账户区分为三大类，除有涵盖范围过于广泛外，主要针对的第二类警示账户及衍生管制账户之处理方式、通报机构内（外）监督机制、警示期间及发还剩余款之规定等，仍有诸多疑虑尚待检讨。

五、小　结

上述相关犯罪多涉跨境资金移动，故如何针对金融账户健全台湾地区相关法制，自属重要之研究课题。对此，台湾地区“刑事诉讼法”之扣押客体有其局限；刑事特别法之酌量财产扣押因缺乏相对应之配套措施或救济程序难以执行；“洗钱防制法”之禁止处分在法制面虽符合国际公约冻结之定义，然仅限于洗钱犯罪之特定洗钱交易之财产，难以充分达到保全没收之作用；“银行法”之警示账户虽有其成效，然本质上有别于国际刑事法制之冻结、扣押，似可视为因重时效而便宜行事致忽略程序及实体正义之立法。

第四节　我国台湾地区执行酌量财产扣押、禁止处分与警示账户之缺失与检讨

一、酌量财产扣押

（一）财产保全目的之扣押期间

刑事特别法保全目的之财产扣押，目的在确保判决后没收等财产权之执行。故多属侦查期间之作为，且极易影响受处分人之财产权益，故即使在侦查初期，有对其酌量扣押财产之必要性、合理性或紧急性，然其具（财产）保全目的之性质毕竟与作为证据保全目的[①]之性质，在财产权益的替代性方面显然不同，得以财产保全扣押之时间不应等同证据保全之时间（通常须至无留存必要时），方得以发还。因此，基于对受处分人可能合法财产权益之保障，财产保全扣押之期间不能过长，似乎应该要有一个相对应之基准，方能利于法院对其必要性、合理性，乃至于合法性之审酌。对此，由于财产保全目的之扣押与被告之羁押，虽在执行客体上显然有别，然均具有判决前强制处分之性质。惟前者（扣押）之对象为财产（或财产上之利益），其之目的在确保追征、抵偿等之执行，具有禁止所有权人自由处分其财产之性质。后者（羁押）之对象为被告，旨在确保被告出庭；防止湮灭、伪造、变造证据；勾串共犯或证人及反覆实施同一犯罪之目

---

① 作为证据保全目的之扣押，实务上亦存在非应扣押物之扣押或应发还扣押物延迟或未发还之过度扣押的问题。参阅范清铭，略谈刑事搜索之证物过度扣押问题，刑事法杂志，52卷5期，2008年10月，页4-13。

的，具有限制人身自由的性质[①]。此在论理上，对于财产权的保障或许可以不必完全等同于自由权的保障，但实质上“宪法”保障财产权及自由权之界线并非十分明确，且“刑法”在针对财产犯罪之处罚时，无论是自由刑或财产刑均属刑罚之一，虽有侵害法益程度之差异，但却无在程序保障上有必须存在明显差异之必要。故起诉前有关羁押的程序规定，应可作为财产保全目的之扣押的参考。又检察官在执行财产保全目的之扣押时，是否应于一定期限内起诉？或是否可声请延长一定的期间？由于“刑事诉讼法”执行的扣押，通常并无特定期间的限制，但本法财产保全目的之扣押由于攸关受处分人的重要财产权益，应可参酌“刑事诉讼法”第108条第1项及第5项之规定，比照侦查中之羁押，在通常的情况下，侦查中不得逾2个月；审判中不得逾3个月；若因侦查中遇有特别困难或范围过于广泛之案件；或其他重要之原因[②]，而确有延长之必要时，应可参考延长羁押之方式延长之或仿照禁止处分制定最长1年之期限[③]。

（二）财产保全目的之扣押是否违反无罪推定之原则

财产保全目的之扣押，仅为检察官暂时禁止所有权人处分财产之应急性强制处分，目的在确保没收、追征等之执行。故为因应多数洗钱犯罪的犯罪所得瞬间即能移转至境内外第三人者之特性，立法授权侦查中之检察官或审判中之法官在能确认应扣押财产具有犯罪所得之较高可能性之必要

---

① 此为日本剥夺组织犯罪所得法（日文全名为：组织的な犯罪の处罚及び犯罪收益の规制等に关する法律，此简称为剥夺组织犯罪所得法）内没收保全及追征保全等之立法例的见解。参阅三浦守、松并孝二、八泽健三郎、加藤俊治，组织的犯罪对策关连三法の解说，法曹时报，52卷7号，2000年7月，页92-93。我国台湾地区延长羁押在侦查中不得逾2月，以延长一次为限。审判中每次不得逾2月，如所犯最重本刑为10年以下有期徒刑以下之刑者，第一审、第二审以三次为限，第三审以一次为限。

② 参阅 Wilhelm Krekeler/ Markus Löffelmann, StPO Strafprozessordnung, Deutscher Anwaltverlag, 2007, § 111b Rn. 8.

③ 依据德国刑事诉讼法第111条b之规定，首次发布之期限最长为6个月，之后若有侦查上特别困难或范围过广等重要原因时，最多可延长至1年。Lutz Meyer-Goßner, Strafprozessordnung: Gerichtsverfassungsgesetz, Nebengesetze und ergänzende Bestimmungen, C. H. Beck, 51. Aufl., 2008, § 111b Rn. 8. 但此时应该要有涉嫌犯罪之紧急性的理由。Jürgen Meyer/ Wolfgang Hetzer, Neue Gesetze gegen die Organisierte Kriminalität - Geldwäschebekämpfung, Gewinnabschöpfung und Einsatz technischer Mittel zur akustischen überwachung von Wohnungen für Beweiszwecke im Bereich der Strafverfolgung, NJW, 1998, S. 1023; Johann Podolsky/ Tobias Brenner, Vermögensabschöpfung im Straf- und Ordnungswidrigkeitenverfahren, Richard Boorberg Verlag, 3. Aufl., 2007, S. 128. 另依日本剥夺组织犯罪所得法第23条第3项、第4项，起诉前没收保全命令发布后，检察官必须在30日内提起公诉，否则失效。法官依检察官之声请，在有特别事由之情况下，得每隔30日延长之。

时，依比例原则酌量扣押之，实为确保日后没收等执行之最后手段。因此，在论理上，无法至最终可确定为犯罪所得时，即先为确保追征、抵偿等刑罚（或其之效果）之执行，易被认为有违无罪推定之原则①。然在实质上，由于个别案件本身复杂情况不同；且受处分人亦有其诉讼上一切合法之权益，故若等待判决最终确定后，犯罪所得往往销声匿迹，难以追查，即使法院日后作出确定判决，也易沦为无法执行之空判（leer laufen）②。该结果除让犯人有利可图、助长犯罪外，亦严重打击侦查人员之士气与司法之威信，影响层面既广且深。故若明定财产保全目的之财产扣押的要件、期限及救济措施，审核时严守比例原则及禁止严苛刑罚等，在解释上应属非必然违反无罪推定之规定③。

（三）财产保全目的之扣押是否违反“宪法”对财产权之保障

论理上未符扣押合理根据及相当理由之程序或执行逾越比例原则之财产保全扣押，致使受处分人之个人名誉或法人形象受损；公司营运或家庭基本生活难以维持或其之诉讼权利无法遂行等，都有可能危及“宪法”对其合法财产权益之保障及刑事诉讼上辩护权益等之行使。因此，“必要时④”在解释上应限定于具有较高可能性及紧急性之理由；“得酌量”在论理上则必须基于比例原则、罪刑均衡原则，不得逾越合理、相当的程度。例如：依本法扣押之财产，应以足供追征、抵偿之价额为上限；且若受处分人自愿提供相当于应受追征或抵偿价额之财产（或财产上之利益）

---

① 邓湘全，防制组织犯罪所采取扩大没收制度之检讨，刑事法杂志，42卷2期，1998年8月，页49－50；李杰清，剥夺组织犯罪所得之研究，元照，2001年10月，页267－268（注204）。有关罚金保全是否违反无罪推定之争议，参阅小田中聡树，刑法改正の二つの动きと问题点，法律时报，65卷5号，1993年4月，页4；石川元也、岩村智文，法制审议会刑事法部会财产犯检讨委员会における议论の结果と问题点，自由と正义，45卷1号，1994年1月，页69。

② Vgl. Felix Herzog/ Dieter Mülhausen, Geldwäschebekämpfung und Gewinnabs－chöpfung: Handbuch der straf－ und wirtschaftsrechtlichen Regelungen, C. H. Beck, 2006, §24 Rn. 13.

③ 三浦守、松并孝二、八泽健三郎、加藤俊治，组织的犯罪对策关连三法の解释（三），法曹时报，52卷7号，2000年7月，页87；渡边一弘、田口守一、椎桥隆幸，鼎谈组织的犯罪对策关连三法の制定と今后の展望，现代刑事法，7号，1999年11月，页11－12。

④ 此所谓“必要时”，实务单位可能参考2003年9月4日修正之“检察机关实施搜索扣押应行注意事项”第4项之规定，系指一般理性之人依其正常判断，可认为有犯罪证据存在之相当可能性之情形而言。而此种相当可能性，虽无要求达到充分可信或确定程度之必要，惟须以有相当或然性存在为条件。但事实上执行本法保全目的财产扣押的客体选择、作用及目的均与一般扣押显然有别，故不应仅参考上述非法律规定之注意事项，而应有另订专法之必要。李杰清，洗钱防制的课题与展望，“法务部”调查局，2006年2月，页103。

时，该财产保全目的之扣押应立即被撤销[①]。凡此相关规定均须有明文的法律依据，方能确保受处分人在“宪法”或“诉讼法”上之合法权利，断无以简化之内部注意事项（检察机关实施搜索扣押应行注意事项）加以规范之理，显然欠缺透明且及时有效的外部监督机制。特别是：实务上对共犯间犯罪所得之没收仍采共犯连带说[②]，理论上仍得以共犯全体犯罪所得为追征、抵偿的基准，进而对任一共犯所查获之财产执行财产保全目的之扣押。然在执行上如何严守罪刑均衡原则；且若该财产尚涉及善意第三人之财产权益时，如何确保其参与诉讼等之权益，尤须以法律明文规范方能落实对相关当事人“宪法”及“诉讼法”上相关权益之保障。

二、禁止处分

（一）适用主体明文排除司法警察官

声请禁止处分之程序，虽与“刑事诉讼法”第131条迳行搜索之内容相似，但若再参酌“刑事诉讼法”第136条扣押执行机关之规定，明显得知本法排除检察事务官、司法警察官或司法警察执行之禁止处分。惟国际上防制洗钱受理申报之金融情报中心[③]（Financial Intelligence Unit，FIU）多有在受理后至其能初步确定其是否为洗钱交易时之一定期间内暂时停止该交易进行之冻结权[④]。然我国台湾地区可能由于审、检、调等机关指挥联系顺畅、频繁或对于调查机关未能完全信任之故，并未赋予实施侦查之调查机关迳行短期间内冻结疑似洗钱交易之权利，其之利弊仍待日后之评估。其次，由于禁止处分之存款账户亦属于第一类之疑似不法或显属异常交易之存款账户。而与分属于第二类疑似不法或显属异常交易之警示账户，在认定及通报上却几乎多由司法警察机关之警察（官）独占之情况相较，前者（禁止处分）之适用主体显得较为严谨；后者（警示账户）则较为浮滥，应有缓和此种极端矛盾结果之必要。

---

① Meyer－Goßner, a. a. O. § 111d Rn. 12.

② “司法院”1940年院字第2024号解释、“最高法院”1964年度台上字第2211号判例。

③ 金融情报中心为国际上负责受理、分析可疑交易报告之机构。我国台湾地区负责该任务之机构为“法务部”调查局洗钱防制处。

④ 各国FIU足以冻结洗钱交易的最长时间不同，例如：德国（比利时）2个工作日、法国12小时、意大利（波兰）48小时、南非5天、卢森堡无限制。Glenn Gottselig and Sarah Underwood, Financial intelligence units: an overview, World Bank Group, 2004, p. 78.

（二）法院审查对涉嫌洗钱行为者准驳禁止处分之要件

本法禁止处分的对象为侦查中涉嫌以账户、汇款、通货或其他支付工具从事洗钱行为者。然对于此疑似洗钱行为发动禁止处分之门槛，应要求至能够确认该笔洗钱交易为源自洗钱罪前置（重大）犯罪之所得的较高可能性（或盖然性）之程度。其次，本于文义解释，由于禁止处分条文本身明文“被告”，未能扩及“犯罪嫌疑人”应为立法之疏漏。故应要求其涉嫌的程度应至少接近极可能被起诉而成为“被告”的程度[①]。否则纵使依据现况，起诉前虽勉可命令禁止处分，但毕竟容易让人产生起诉前押钱取证等之质疑。最后，针对起诉前或起诉后声请之禁止处分，法院在审查时除须严守必要性、紧急性之要件外，对于是否成立洗钱罪之盖然性或禁止处分财产是否符合比例原则之范围的明确性，均应视为判断准驳之重要依据或理由。

（三）“该笔洗钱交易之财产”实质上不具特定性，应仅为价额之限定

本法禁止处分之行为客体仅为“该笔洗钱交易之财产”，亦即该禁止处分之结果仅只能对“该笔洗钱交易之财产”达到禁止提款、转账、付款、交付、转让或其他相关处分之法律效果。因此，以特定金融存款账户被禁止处分之时间点为例，若该存款总额，因“该笔洗钱交易之财产”以外财产之汇出、转入等，使得该账户内存款总额未低于“该笔洗钱交易之财产”之情形，在论理上其因已统合为一个债权，已即非违反禁止处分之客体。基此，本法之禁止处分，实质上并非完整冻结该账户之资金进出或全面管控账户内与“该笔洗钱交易之财产”无关之一切交易。

本法禁止处分之目的乃沿袭传统“刑事诉讼法”扣押着重于“保全得没收之财产或证据”之思维，故将行为客体局限于“该笔洗钱交易之财产”，以符合比例原则。然如此特别强调“‘该笔’洗钱交易之财产”之特定性的用语，较易被质疑的是：当疑似洗钱交易之汇款已被转汇至域外时，对于账户内仍有相当于或高于该笔洗钱交易之汇款的财产时，是否可对其禁止处分的问题？对此问题，本于文义解释，由于账户内之财产价额，不论多寡，形式上已非“该笔”洗钱交易之财产，故非为禁止处分之客体，只能援引本法第 9 条第 5 项之规定请求其他国家针对“该笔洗钱交

---

① 此乃依日本刑事诉讼法之观点，日本称起诉前接受侦查行为者为犯罪嫌疑人；称起诉后确定判决前之人为被告。参阅安冨洁，刑事诉讼法讲义，庆応义塾大学，2007 年 6 月，页 24；松本时夫、土本武司编，条解刑事诉讼法，弘文堂，2008 年 2 月，页 43。

易之财产”协助执行禁止处分命令。惟就论理及目的解释，事实上“该笔洗钱交易之财产”所重的应该是其之财产价值，只要账户内之财产与“该笔洗钱交易之财产”因混合之故，丧失特定性时，本于同属同一名义人债权之法理，似应仍可准予禁止处分，如此方能达到本法欲“保全得没收之财产或证据”之立法意旨。

（四）禁止时间的审查仍须充分考量其之必要性、紧急性、合理性及替代性

本法禁止“该笔洗钱交易之财产”的时间，首次以6个月为上限。之后，再依检察官检附之具体理由，向法院声请裁定延长（至多1次），且延长期间不得逾6个月。因此，禁止处分之时间，实际上乃授权法官依相关卷证资料酌定期限，故法官不可因疏漏而未记载期间；或理所当然均指定为6个月。又洗钱案件的资金来源，有时的确错综复杂，非短时间或以1年为限之期间所能厘清。然禁止处分仅是侦查期间一种暂时性、阶段性、及时性的强制措施，法官对于首次期间的酌定或准予延长期间的限定，实应确实考量其之必要性、紧急性、合理性。若可能造成被处分人实质巨额财产损失时，应具体明确认定财产价额后，以他财产代替被禁止处分财产之配套措施极为重要，故以1年为最长期限之规定，尚属妥适。

（五）抗告规定过于简略，无法与重时效之禁止处分相对应

本法明文规定不服禁止处分命令或延长禁止处分之命令者得准用“刑事诉讼法”第4编抗告之规定。此抗告相关规定虽为程序法上必要之救济措施，但由于该规定之条文内容仅17条（第403条至第419条），过于简略，不仅无法凸显与重时效的禁止处分规定相对应之关系，更难以确保重实效之救济措施。同时，禁止处分通常以金钱债权等财产为客体，其与以物或财物为主之“刑事诉讼法”之扣押显然有别，特别是前者（禁止处分）客体为财产，不限于金额多寡，若其结果足以危及个人生存、家人基本生活或公司营运等时，实应有避免严苛刑罚或代替禁止处分财产等之配套规定。

三、警示账户

（一）警示账户合法性之质疑

有关警示账户之合法性，最具争议性的论点主要有三，即可能违反：（1）契约自由的精神；（2）母法（“银行法”）之授权范围与目

的；(3)“行政法”之受（委）任者不得再委任（Delegata potestas non potcst delegari）之法理[①]。首先，“异常交易管理办法”第7条第1项“存款账户经法院、检察署或司法警察机关通报为警示账户者，银行应即查询账户相关交易，如发现通报之诈骗款项已转出至其他账户，‘应’将该笔款项转出之资料及原通报机关名称，通知该笔款项之受款行，并通知原通报机关”及第2项“警示账户之原通报机关依前项资料进行查证后，如认为该等受款账户亦须列为警示账户者，由该原通报机关再进一步‘通报相关银行列为警示’”之内容得知，银行等金融机构只是义务性配合以警察机关为主之通报机关执行警示作业，应有违反契约自由的精神或诚信原则之虞。其次，作为“异常交易管理办法”法源之“银行法”第45条之2第2项及第3项，事实上仅是要求主管机关以制定专法之方式，针对疑似不法或显属异常交易之存款账户得予暂停存入或提领、汇出款项（授权之范围），以达对存款账户应负善良管理人之责任（授权目的）。然“异常交易管理办法”第5条第2款明文针对“存款账户经通报为警示账户者，应即通知金融联合征信中心，并‘暂停’该账户‘全部交易功能’，汇入款项迳以退汇方式退回汇款行。”显然冻结“全部交易功能”已超越母法授权范围与目的。而第9条第1项规定每次通报警示账户之警示期限为5年，且若有继续警示之必要者，竟可在未有明定审查机制或最长期限的情况下续行通报之，实严重背离“暂时”之文义，而有违反母法之授权范围与目的之虞。最后，综观“异常交易管理办法”第5条、第7条及第9条、第10条之文义得知，检警调单位实为警示账户联防机制之启动、认定及解除之主导者，而其主导的内容已非仅属有关母法之细节性或技术性事项，而属禁止当事人行使财产权益的重要内容[②]，该内容除已逾越上述“银行法”授权范围、目的[③]外，金融机构退居第二线义务配合或协助警示账户之认定或处理等之作为，实无异于在实质上将其之委任授权

① “如‘宪法’或授权法律本身并无许可再委任之规定，一般主张视为再委任之禁止。”吴庚，行政法之理论与实用，三民，2007年9月，页299；古慧珍，台湾地区网络诈欺防制之研究—以使用人头账户为中心，交大管理学院硕士在职专班科技法律组硕士论文，2006年6月，页40；魏武群，“洗钱防制法”上有关禁止处分制度之研究—以没收保全为中心，中原大学财经法律研究所硕士论文，2008年1月，页143；李杰清，诈欺犯罪所得的冻结与发还—以“银行法”警示账户为核心，台湾法学杂志，124期，2009年3月，页93－94。

② 参阅南川谛弘，行政法基础论，嵯峨野书院，2006年1月，页63。

③ 参阅山下淳、小幡纯子、桥本博之，行政法，有斐阁，2001年4月，页158；稻叶馨、人见刚、村上裕章、前田雅子，行政法，有斐阁，2007年4月，页50－51。

再委任于检警调单位，如此欠缺明文再委任规定之实务作为，已有违法之虞①。

（二）实务上的认定机关欠缺严谨审核机制，成效令人质疑

认定机关之检警调，在审核机制上的问题在于：具有侦查犯罪主导权的检察官及法庭诉讼指挥权的法官，通常是不会主动介入是否列为警示账户的审核，特别是侦查诈欺犯罪重时效的同时，警察机关早已与金融机关建立联防机制的通报体系，受理诈欺报案的警察单位以外的司法机关，事实上是无从得悉，也无从审核，当然也无法期待其厉行及时有效的监督或救济措施。例如：民众拨打165反诈骗电话后，警察机关必须在2小时内派员至金融机关受理报案，并即通报受款金融机关设定为警示账户。就时间、程序及作法上的一贯性而论，似乎连警察机关的高阶长官都难以事先审核，而充其量最多仅能事后管控，更遑论其以外司法、行政机关的审核或监督。因此，警示账户解除原因揭露制度自2007年1月16日实施以来，迄同年12月31日止之解除警示账户数之件数，计有3885件，其中解除原因为不起诉处分之件数即高达1040件，占所有解除警示案件之26.8%，不可谓不高。又陈情遭误设警示属实者及因其他原因而解除警示之件数，分别为147件（占约3.7%）和383件（占约9.9%），足见为争取时效，而解除或误列警示之缺失，攸关警示账户之正确性及成效，仍有亟待改善之空间②。

（三）金融机构依通报暂停该账户全部交易功能，有违法、违宪之虞

“异常交易管理办法”并无明定警示账户之认定机关，然实务上金融机构似乎完全依据警察机关等之通报认定之。此若从该法第3条第1款警示账户定义为：“法院、检察署或司法警察机关为侦办刑事案件需要，通报银行将存款账户列为警示者。”亦可得知各金融机构，甚至于金融主管机关之金管会（银行局）亦完全放弃其应予主动认定警示账户之主导（体）性。然就当事人自由行使金融账户内金钱债权之财产权益而言，其之本质乃属民事法之问题，贸然依据警察机关讲究时效性建置之通报体

① 行政机关间的委任并非毫无限制地均为合法，一般的要件为，委任与受委任间须有上下级机关之关系，以便受委任人有义务遵从委任人之指令。惟不相隶属机关间之委任，则须有明文之法律依据。黄锦堂，“行政机关”、“委托”、“委任”、“委办”、“受委托执行公权力”之意义，葛克昌、林明锵编，行政法实务与理论，台湾大学法律学院，2003年3月，页224。

② 参阅财团法人金融联合征信中心，2008年2月21日金征（业）字第0970002556号函。

制，认定警示账户的结果，却为实质上非短时间停止警示账户“全部交易功能”，除有违反“宪法”、“行政法”上之比例原则外，亦可能导致金融机构承担违约或不履行债务等影响账户所有人行使合法财产权益之法律风险。

另针对警示账户或扩及层面更广之衍生管制账户似乎也没有及时通知账户名义人之义务的规定[①]，应有违反“民法”第536条“受任人非有急迫之情事，并可推定委任人若知有此情事亦允许变更其指示者，不得变更委任人之指示”及“民法”第540条“受任人应将委任事务进行之状况，报告委任人，委任关系终止时，应明确报告其颠末”之虞。因此，警示账户之相关规定，除有遭违反“银行法”第1条“保障存款人权益等”之立法目的指摘外，相关民事侵权责任及损害赔偿之风险，亦须自我承担而不可不慎。

（四）仿效日本制定专法，指定专责机构发还剩余款

对有疑似交易纠纷或复杂情事等案件，为避免相关民事权益纠纷的不当延伸或扩大，明文不适用“后进先出”等所定剩余款项发还之规定，确有其必要。然问题在于：该以简略方式明列发还剩余款之方式，并未具有充分的合理性及公平性；且交易纠纷或藉机诈欺取财案件之区分，一时之间有时并非明确；单纯或复杂案件有时亦非一目了然。又所谓“复杂案件”，客观上并非取决于案情本身的复杂性，而系先取决于犯人或账户所有人是否有将各笔汇款提领一空的事实，与文义上案情是否“复杂”并未有直接或太深入的牵连关系。此种发放剩余款项之方式，虽在无形之中增进诈欺犯罪被害人损害回复的效率或效益，但复数被害人只因其较早被骗、较晚报案或较早被提领，而未能按受害总金额之比例分得其应有之部分债权[②]，实质上亦有适用该规定所产生缺乏法律上之特定性及公平性等之争议。因此，为解决相关问题，似可仿效日本制定“以犯罪所用存款账

① 为协商警示账户内剩余款的发还，“异常交易管理办法”第11条第1项规定，必须：（1）先通报为警示账户；（2）确认通报原因为诈欺案件；（3）尚有被害人汇（转）入款项未被提领的情况下，方有义务依开户资料联络开户人。似乎没有在通报警示账户或衍生管制账户时，及时通（告）知开户人之义务的规定。

② 堂园升平，振り込め诈欺资金における被害者の预金払戻请求权の代位行使，银行法务21，657号，2006年3月，页7。

户内资金支付被害回复金等之法律”[①]，指定一个客观、公正且具有公信力的存款保险机构，专责主导相关公告事项之程序、监督各金融机构发还剩余款之执行及发还作业结束后仍有剩余款时，将其作为充实支援犯罪被害人之支出或被误认为供犯罪所用账户名义人之救济。此外，明定发还剩余款作业之执行主体为各金融机构，要求各金融机构对于相关账户分行别、科目、账号、金额、名义人、申请发还期限、申请方法、完成决定分配金额之名册及发放分配金额等，均须有全面、一致性之作法，且作业前、后均须尽速要求存款保险机构及时公告，以杜争议。

四、小　结

我国台湾地区刑事特别法的酌量扣押与禁止处分，虽有上述之诸多缺失，但大致上尚能与国际公约之扣押或冻结相对应，具有前置阶段性、暂时性与及时性的特性。惟在执行客体上，酌量财产扣押是否得扩及债权等财产上的利益？其与禁止处分以金融账户、汇款或其他支付工具为客体，如何区分？均有待相关学理解释或立法制度，方能厘清差异，避免混用。至于警示账户虽亦具有冻结存款账户之作用，但由于其：（1）基本上以诈欺取财之存款账户为主；（2）法律依据为行政法属性之“银行法”；（3）一律禁止特定账户内全部交易功能，有违“宪法”保障财产权及比例原则之虞；（4）禁止时间过长；（5）缺乏严谨认定程序及监督机制；（6）适用简便、易遭滥用并产生架空禁止处分之附带作用；（7）发还剩余款之作业不符公平正义原则，严格而论其之法律性质、适用主体、程序、时间、监督机制及救济措施等，均与国际公约之扣押或冻结相去甚远。

第五节　改善我国台湾地区当前财产扣押或禁止处分之刍议

近年来修改较为频繁的“洗钱防制法”，无论是为因应国际立法趋势或境内犯罪情势之发展，虽有针对金融账户等之财产移转设有禁止处分或财产

① 简称为：汇款诈欺救济法，平成19年法律133号。干场力，“振り込め诈欺救济法に系わる全银协のガイドライン（事务取扱手续）”の概要，金融法务事情，1840期，2008年7月，页12－17；田尾幸一郎，振り込め诈欺被害者救济法の概要，时の法令，1809期，2008年5月，页6－16。

扣押之规定，然司法机关在适用时，并未明辨其之差异[①]，常有混淆适用之情形如次：（1）冻结整本账户（包括存款及提款，均冻结）；（2）未明定处分时间；（3）支存账户以止付方式为之；（4）以“毒品危害防制条例”第19条扣押疑似用以购毒之账户及金额；（5）以“刑事诉讼法”第133条及第136条扣押整本账户。对此，仅就解释论观点之分析及立法论思考之重点，分别探讨如下：

一、解释论观点之分析

（一）扣押概念之混淆

扣押是一种取得物品占有之强制处分。其之目的通常有三：证据保全、财产保全及社会（违禁物）保全[②]，亦称为：一般（性）扣押、保全（性）扣押及预防（性）扣押[③]。惟就“刑事诉讼法”第133条第1项之立法例观之，得扣押之客体只区分为：可为证据及得没收之物。并未特别强调扣押在保全性及预防性之目的功能。但所谓“得没收之物”，当然包括有价值之（财）物及一切非法之违禁物。故可谓其已具有预防性之目的，但实难谓其具专有（财产）保全性之目的。而我国台湾地区刑事特别法内，为利于剥夺犯罪所得及国际共同打击特定犯罪，制定有保全目的之财产（含财物及财产上利益）扣押。然令人遗憾的是：如何执行该（财产）保全目的之扣押，并无相关配套之规定，致使既无法落实程序法定原则，又难以有效践行实质公平正义。其次，司法实务机关由于大多习于“刑事诉讼法”之扣押程序，往往有以“刑事诉讼法”之一般扣押为名，实际扣押整本账户，企图达到特别法财产扣押之保全目的。然事实上，当事人账户若被视为财物而遭一般扣押，该扣押的效力未必及于该财物之财产上利益。因此，除非该物具有唯一性，不得挂失、补发或以他物取代之，否则只要得以挂失或重新申请，即可提款或汇款，无法达到真正占有财产权益之目的。再者，真正要落实（财产）保全目的之扣押，必须达到确保执行财产刑（没收、追征或抵偿等）之目的，特别是追征在本质上是代替没收之利益剥夺；抵偿则是以强制执行的方式执行代替没收等之利益剥夺，该扣押之财产在论理上应非只限于非法来源之所得，而应包括可能

---

① 相关法规之差异，详如本章末附表。

② 袁坦中，刑事扣押研究，西南政法大学，2006年10月，页4、8。

③ 孙长永，侦查程序与人权：比较法观察，中国方正，2000年，页125。

合法来源之所得。因此，在贯彻保全目的之财产扣押时，如何恪遵比例原则及司法审查（令状主义）原则等实有其格外重大之意义。

（二）执行客体之竞合

本法第 9 条禁止处分之客体，系指自然人或法人以（财）物属性之通货或支票、债券等支付工具；或财产上利益属性之金融账户、汇款等债权从事洗钱行为时，对该笔洗钱交易之财产为禁止提款、转账、付款、交付、转让或其他相关处分之措施。因此，在执行客体方面之金融账户、汇款或通货等支付工具内特定之财产，是否与同为本法第 14 条第 2 项保全目的财产扣押之客体，有无因产生竞合而优先适用之问题，有待厘清。首先，必须特别留意的是：形式上虽类似国际公约冻结命令之禁止处分，但以涉及洗钱交易之特定财产为限。因此，针对金钱债权即使因为混合成一个债权或实质上难以区分而丧失特定性时，只要合理预估等同或相当之价额，解释上尚有对其执行禁止处分之虞，但不可包含同一账户该笔交易价额以外（上）之合法财产。亦即若在该价额外尚有其他合法交易之财产存在时，绝对不能以禁止处分为名，扣押整本金融账户或禁止金融账户内一切交易之财产。其次，本法若无禁止处分之规定，针对该笔洗钱之交易，在解释上亦可以财产扣押之方式占有，并责付金融机构保管之，以达实质上冻结该交易之目的。惟（1）本法既系基于防制洗钱及追查重大犯罪①所制定；禁止处分之客体亦以金融机构内之疑似洗钱交易为核心，故若本于强化金融监理及健全金融法秩序之观点，当有其存在之意义，并应优先适用之。(2) 财产扣押客体的价额在解释上虽以该笔疑似洗钱交易之价额为已足，但其经常在侦查中或起诉后发布之；其之范围亦可能扩及合法财产②及涉及财产所有人（受处分人）之隐私③，故其发布之门槛必然要有危及没收等执行之较高的盖然性、合理性及紧急性；该书面命令之核发除须对构成罪嫌之关键性事实及法律上之判断充分说明外，亦须斟酌当事人及国家（保全目的之财产扣押）二者之利益，并告知当事人得以寻求法律

---

① “洗钱防制法”第 1 条明文揭橥立法目的为：“防制洗钱，追查重大犯罪。”

② Vgl. Podolsky/ Brenner, a. a. O. S. 129.

③ 本文所谓“隐私”通常系以银行职员等对客户之金融账户的开户资料、存款余额、交易情况等守密义务之客体而言，然该等客体若非有高度涉及刑事犯罪之盖然性、必要性、紧急性等，在未征得账户名义人之同意，泄漏相关资料，致损及当事人合法权益时，仍有违反“银行法”第 48 条第 2 项、第 129 条第 11 款或“计算机处理个人资料保护法”第 23 条、第 28 条之虞，可科处 200 万元以上 1000 万元以下之罚锾或承担相关损害赔偿之责任。

救济之途径[①]。因此，在审核财产扣押之准驳或延长时，考量比例原则、预留诉讼费用及个人或家人基本生活所需等之严密度（Rigidität）均须相对增高[②]，故在判断上亦须格外谨慎。

（三）损害回复

对金融账户禁止处分之目的在保全得没收之财产或证据，以剥夺犯罪所得；财产扣押之目的则在确保没收之执行。二者在形式上似乎与被害人之损害回复无关。然无论是基于刑事实体法或程序法之观点，司法正义之体现，不仅在于犯人之制裁，更在利于对社会整体治安之维护及被害人之损害回复。因此，在本于罪刑法定原则、罪责原则等对被告论罪科刑时，针对财产犯之利益动机，如何强化财产制裁，使其无利可图；进而迫使其致力于被害人之损害回复，有其刑事政策上之重大意义。

禁止处分之作为系在占有金融账户内之特定债权，致使其维持既有之状况，而暂时不得利用金融体系自由使用或移转该债权，以利判决确定后没收等之执行。但实际的情况是：该特定债权必须要先予禁止处分，方有没收之可能。而没收执行前依法应先返还被害人，被害人之损失方得以回复。反之，若无及时有效的禁止处分，不但无法执行没收，亦可能难以执行追征、抵偿，因此对被害人无法回复损害。

财产扣押不同于禁止处分，其不仅在确保以财物为限之没收物，尚扩及理论上不应制定为从刑之追征、抵偿等代替措施。同时，侦查中之检察官或法官欲以财产扣押确保财产刑之执行时，无须确定该作为系确保被害人之利益或国家刑罚权之利益[③]。因此，法官基于保护被害人损害回复之观点，在判断财产扣押价额或范围时必须审慎考量下列事项[④]后，明定足以剥夺犯罪所得之确定金额[⑤]：（1）被害人有无事实上或法律上实现其合法权益的可能性；（2）影响当事人“宪法”保障财产权益之严重性；（3）被害损失的程度；（4）侦查机关人力、物力支出的成本。

---

① Vgl. Krekeler/ Löffelmann, a. a. O. § 111b Rn. 9; Vgl. Herzog/ Mülhausen, a. a. O. § 24 Rn. 1.

② Herzog/ Mülhausen, a. a. O. § 24 Rn. 1.

③ Meyer-Goßner, a. a. O. § 111d Rn. 4; Krekeler/ Löfelmann, a. a. O. § 111b Rn. 17.

④ Krekeler/ Löffelmann, a. a. O. § 111b Rn. 16; Meyer-Goßner, a. a. O. § 111d Rn. 4.

⑤ Vgl. Herzog/ Mülhausen, a. a. O. § 24 Rn. 15.

二、立法论思考之重点

（一）财产扣押

我国台湾地区“刑事诉讼法”的扣押，基本上以有体物为限，并未区分证据扣押或保全扣押。特别“刑法”内虽有明文保全目的之财产扣押，惟其之法定程序究应如何进行并未明定。因此，在立法论思考方面，首先要确定的是发布财产扣押的要件及期限；其次为明定追征或财产抵偿的价额；再者则为符合比例原则的执行及严谨的司法审查；最后则须有提供相当价额之抵押品得以立即撤销或因价额过低、影响诉讼费用、个人或家人基本生活所需等得以免除之例外条款与及时可行之救济措施。

（二）禁止处分

我国台湾地区“洗钱防制法”的禁止处分，在性质上乃以金融账户内特定数额之交易为没收保全之客体。当前，其之存在的意义主要在于：金融账户内金钱债权的移转速度及范围远胜于一般财物或其他有体物之移转，而且几乎没有任何越境的阻碍，因此极易发生难以追查或阻止之紧急性。其次，就程序法定原则之观点，我国台湾地区禁止处分的规定，仍较财产扣押规定，具有较高的实现可能性。特别是将客体限缩于账户内足以特定之疑似洗钱交易（金额），在执行上当更具有相当之合理性、紧急性、适当性及必要性。惟若要强化禁止处分之实效，使其能更接近国际公约之冻结，似乎仍应重视“该笔洗钱交易之财产”的价额（值），而非仅是形式上“该笔洗钱交易之财产”的本身。因此，未来修法时，若有在“‘多’笔洗钱交易之财产”进出的金额或次数，远胜于账户内之其他金钱债权之价额或次数时，在排除可能会影响其之个人或家人基本生活或诉讼费用之所需外，亦应可考量在该账户“‘多’笔洗钱交易之财产”的总价额之范围内，扩及同账户内可能合法之财产，以利确保日后没收等之执行或可能之损害回复。

（三）整合相关民事及强制执行等配套程序及实体规定

国际上通常由于：（1）发布冻结或扣押命令的门槛[①]（合理根据、涉

---

① 德国刑事诉讼法第111条b发布没收保全规定之门槛即为刑事诉讼法第152条第2项之一般具体事证构成之怀疑，而紧急之原因并非发布该财产扣押之要件，但为延长保全期限之要件。Krekeler/Löffelmann, a. a. O. § 111b Rn. 2.

嫌程度）无法要求至绝对高度的可能性或相关事证呈现至明确违法之程度；（2）为因应客观犯罪情势之变化，经常在侦查中发布之；（3）客体尚可包括合法财产，直接涉及“宪法”保障当事人财产权、隐私权，甚至是生存权。故各国对于金融账户之扣押或冻结之法制，均须符合程序法定、正当程序、司法审查（令状主义）及比例原则等，以免遭受违法、违宪之物议。又各国针对财物、财产上利益或金融账户内金钱债权之没收保全，其之终局性的结果，必然须与相关民事及强制执行法等之配套措施相结合，故我国台湾地区相关民、刑事法规之配套措施之规定，亦须充分整合，方能周全及贯彻。

三、结　语

国际上对金融账户之扣押及冻结与我国台湾地区对其之扣押及禁止处分，在法律内涵及实施之配套措施有所差异。然其共同以利于没收保全等剥夺犯罪所得之立法，促进对被害人损害回复之目的确是完全一致的。因此，如何加强我国台湾地区相关法制之整合，并在维护刑罚权与当事人合法财产权益之间，藉由学理及实务之结合，找出一个既能保障财产权；又能促进社会及被害人之公平正义的平衡点，实具有迫切之必要性。故当务之急仍须加强国际防制洗钱相关公约、建议与我国台湾地区“洗钱防制法”之研究及比较；针对国际冻结、我国台湾地区“刑事诉讼法”一般扣押、“洗钱防制法”之财产扣押及禁止处分，举办结合学理及实务之课程，以加强倡导及整合；不能再以刑事特别法或“刑事诉讼法”内增加少数个别条文之立法方式回应之，而应全面研整主要先进国家有关冻结、扣押之法制，并努力建置利于我国台湾地区适切剥夺犯罪所得之刑事法制。特别是刑事程序法保全目的之财产扣押及实体法没收、追缴、追征、抵偿等之相关规定。

附　表

	扣　押	酌量财产扣押	禁止处分	警示账户
法源依据	"刑事诉讼法"	◆"洗钱防制法" §14 Ⅱ ◆"贪污治罪条例" §10 Ⅳ ◆"组织犯罪防制条例" §7Ⅲ ◆"毒品危害防制条例" §19Ⅱ ◆"人口贩运防制法" §35Ⅱ	"洗钱防制法" §9	以"银行法" §§ 45－2 Ⅱ及Ⅲ为母法之"异常交易管理办法"
要　件	合理根据	无法保全没收、追征、抵偿等	有事实足为涉嫌洗钱行为者	侦办刑事案件之需要
认定机关	法院	法院	侦查中检察官 审判中法官	司法警察机关 检察署法院
核发令状	搜索票（"刑事诉讼法" §128）	搜索票（"刑事诉讼法" §128）	书面命令（准用"刑事诉讼法" §128）	司法警察机关（报案三联单）
执行客体	可为证据或得没收之物	财物或财产上利益	金融账户、汇款、通货或其他支付工具（支票、债券等）	特定存款账户
法律效果	剥夺有体物所有（使用）权人占有之命令	剥夺财物或财产上利益之所有权人自由使用、处分或移转之命令	对特定洗钱交易之财产为禁止提款、转账、付款、交付、转让或其他相关处分之命令	禁止账户所有人自由使用、处分或移转之命令
期　限	无明文规定	无明文规定	法院指定6个月以内之期间；至多延长1次（最多1年）	自每次通报时起算逾5年自动失效，但原通报机关于届满前得再行通报
发还或解除规定	无留存必要者（"刑事诉讼法" §142Ⅰ前段）	扣押物若为赃物而无第三人主张权利者，应发还被害人（"刑事诉讼法" §142Ⅰ后段）	检察官逕命执行或声请延长时，未获法院补发命令或准核	开户名义人应洽原通报机关处理，银行于必要时得协助
救济措施	"刑事诉讼法"第4编抗告规定	"刑事诉讼法"第4编抗告规定	准用"刑事诉讼法"第4编抗告规定	账户内尚有汇入款项，未被提领时，被害人检具证明文件，经银行确认后，由最后一笔往前推算至账户余额为0止

资料来源：作者自行整理。

第七章

没收被告以外第三人涉及刑事案件财产之程序法制

——兼论没收重大犯罪嫌疑人逃亡或死亡时之犯罪所得的可能性

第一节　问题所在

我国台湾地区“刑法”总则第34条第2款明定没收为从刑，依主从不可分原则①，作为从刑没收之科刑对象依法必须附随于主刑科刑之对象，故论理上无论主、从刑，科刑的对象通常仅限于正犯或共犯（共同正犯、教唆犯、帮助犯②）之被告，而不应扩及被告以外之第三人③。惟由于没收法制本身的特殊性，不论英美法制或大陆法制的差异，基于对过去犯罪的报应（刑罚）、未来可能犯罪的预防（保安处分）或社会规范意识及整体安全秩序的强化（利益剥夺）等多有没收第三人涉及刑事案件财产之实体规定④。因此，在理论上，本书应先针对没收定性问题，探究我国台湾地区没收法制在定性上，究竟是属于过去传统或为刑罚或为保安处分之主流的二元思考；抑或将利益剥夺从传统对物保安处分的思维中抽离，使其成为（在刑罚、保安处分之外）另一种措施的三元思考。再以具有正当性合理基础的前提下，探讨没收被告以外第三人涉及刑事案件之财产的程序法制，较具论述之合理性及一贯性。然由于：（1）有关实体没收定性的问题，长久以来即有争论，但迄今在理论上并无定论；在实务运作之法制面

---

① “没收为从刑之一种，依主从不可分原则，应附随于主刑而同时宣告之。”台湾“最高法院”1989年度台非字第72号判例、台湾“最高法院”2009年度台上字第5659号判决、台湾“最高法院”2007年度台上字第3016号判决、台湾“最高法院”2005年度台上字第4772号判决。

② 帮助犯由于仅系对于构成要件以外行为为加工，被认为无共同犯罪之意思，不适用责任共同原则，故对帮助犯为有罪判决时，对于正犯所有供犯罪所用或所得之物，不应谕知没收。台湾“最高法院”1999年度台上字第6234号判决、台湾“最高法院”2000年度台上字第6946号判决、台湾“最高法院”2002年度台上字第5583号判决；傅美惠，论没收—“刑法修正草案”“没收”规范评析，中正法学集刊，17期，2004年10月，页187。惟当前实务上对帮助诈欺犯主动提供给正犯之他人或个人之存款账户，由于实质上或名义上仍有为该帮助犯所有之可能，故在对其宣告有罪判决时，该存款账户若非为“正犯所有供犯罪所用或所得之物”，似仍应谕知没收（暂且不论存款债权归属及得否为没收客体之问题）的可能。

③ 台湾“最高法院”2004年度台上字第4270号判决“‘刑法’第38条第1项第3款规定因犯罪所得之物得没收者，依同条第3项前段规定，以属于犯人者为限，始得为之，如第三人对于该物在法律上得主张权利者，即不在得没收之列。”洪福增，没收之性质与无差别之没收，刑事法杂志，2卷4期，1958年4月，页23－24。

④ 例如：“刑法”第121条第2项及第122条第3项“所收受之贿赂没收之；如全部或一部不能没收时，追征其价额”或第226条第2项“当场赌博之器具与在赌台或兑换筹码处之财物，不问属于犯人与否，没收之”等义务（必要）没收之规定。

上，既未有任何本质上的重大变动[①]，亦未对特别“刑法”没收客体的扩张上，有相对应之影响。(2) 本书并非欲将没收任意扩及与刑事案件无关之被告以外第三人，而系在该第三人与案件相关之程度，足以初步怀疑为非善意第三人时，如何确保其可能合法财产之程序法制的问题。亦即，以程序法之观点，探讨现行实体法义务或裁量没收规定之正当法律程序的问题，而欲限缩其之适用。特别是，近年来跨境犯罪横行，国际立法主流趋势的国际公约或影响我国台湾地区刑事法制较深远的大陆法系国家多有配合其实体没收法制修正或增订相关的程序法制。然我国台湾地区迄今对刑事被告以外之没收物（或财产）的所有权人，不包括经确认之犯罪被害人及善意第三人[②]，但包括未经确认为共犯在内之嫌疑人[③]，并未有完整足以落实特别（附属）“刑法”扩大没收规定等之程序法制[④]。尤其是在“善意”第三人是否确实善意的厘清，攸关该第三人是否受刑事处罚（没收）之平等权、诉讼权及财产权等“宪法”保障之基本权利，故如何在诉讼程序上建构对诉讼当事人以外可能非善意第三人之告知、辩解、防御及救济等权利，无论就治标、治本的特别预防及一般预防或打击重大财产犯罪以

---

① 有关“刑法”或特别“刑法”没收实体法制的检讨，参阅本书第二章第二节之内容。

② 此乃由于犯罪被害人或善意第三人之物（或财产），在无留存必要且该物（或财产）之所有权无争议时，原则上均应在没收执行之前先行发还。例如：在侦查中若能确认为单一被害人之财产，即可发还；审判后没收执行前，若能及时确认为单一被害人之财产，亦应发还。又即使在没收执行后3个月内，有所有权人声请发还时，除应破毁或废弃者外，检察官应发还之；其已拍卖者，应给予拍卖所得之价金。

③ 藤木英雄，第三者の所有物に对する没收をめぐる问题点—第三者没收その法理的检讨と判决，法律のひろば，16卷2号，1963年2月，页5；铃木义男，第三者没收の手续（1），警察研究，34卷10号，1963年10月，页17；伊达秋雄、松本一郎，没收、追征，综合判例研究丛书—刑法（20），有斐阁，1963年10月，页4、6。

④ 此种针对被告以外第三人结合实体及程序之法制，旨在进一步防制包括共犯在内之犯罪行为人为规避没收而轻易将财产移转至第三人，重在刑罚之制裁作用，与防止未来犯罪发生之保安处分的作用有所不同。参阅吴天云，“洗钱防制法”没收属于第三人犯罪所得的实体与程序问题，律师杂志，320期，2006年5月，页62。

彰显被害人损害回复[①]之司法正义等均有重大意义。

此研究课题随着我国台湾地区各式教育的持续普及、提升及国际经济（金融）的全球化、自由化，已日渐影响财产犯罪者隐匿其犯罪行为（或犯罪所得）的手法，使其保有或扩大财产价值的投资管道或存在态样变得十分复杂、多元及巧妙。因此，近年来我国台湾地区博达、东森、力霸等经济、金融犯罪及拉法叶军售案、巴纽外交丑闻案等涉嫌贪污、洗钱罪之犯罪所得，通常极易以各种名义、事由或借口快速转移至境内、外之第三人。据此，如何针对与犯罪所得有牵连之第三人，使其践行相当之程序法制后，得以例外适用“刑法”第 38 条第 3 项[②]但书之规定，排除供犯罪所用、犯罪预备、因犯罪所生或所得之物，均须“以属于犯罪行为人者为限”，方得裁量没收之界线（限制）；再基于刑事处罚没有程序就无实体且乏正义之观点，此研究主题已是刻不容缓之重要课题。尤其在“洗钱防制法”等特别“刑法”多有针对（财）物或财产上利益等之可能危险性（或违法性）制定义务没收规定之际，在扩及与犯罪行为相关（财）物或财产上利益有无直接[③]或间接关系之认定上，再再地迫切需要能与当前没收范围扩大之实体法制相对应的程序法制，否则相关实体法制恐难以落实或易沦为违法、违宪之虞的法制。此若参酌“刑法”第 38 条第 2 项，基于没收仍具保安处分性质之法理，认为违禁物必须“不问属于犯罪行为人

---

① 没收法制的强化，表面上似乎与损害回复背道而驰，然就实体法之观点，犯罪财产在没收之前，多有应发还被害人或善意第三人之规定或解释，最终不会成为没收客体；另就程序法之观点，在事实情况尚未完全明确时，第一线侦查机关基于合理怀疑为应没收财物时之扣押或禁止处分等，具有防止该财产灭失或避免法院没收判决沦为空判之实益，有利于打击犯罪及彰显保护被害人权益之司法正义。又犯罪被害人或善意第三人之物（或财产）在足以确认为其所有，且该财产权并无争议时，原则上均应在没收执行之前先行发还，故没收与被害人等之发还，在所有权厘清之后，基本上不会同时存在。然在所有权尚未厘清之前，若能将其视为应没收物而能予以扣押（保全）或禁止处分等，应属于实质上有利于发还被害人等之作为。

② “刑法”第 38 条第 3 项规定“第 1 项第 2 款、第 3 款之物，以属于犯罪行为人者为限，得没收之。但有特别规定者，依其规定。”

③ “‘刑法’上所谓因犯罪所得之物，系指因犯罪直接取得者而言，变卖盗贼所得之价金，并非因犯罪直接所得之物。”“司法院”院字第 2140 号解释。

与否”均应义务没收之规定[①]，事实上亦无法全面、真正不问该义务没收物是否属于任何人（犯罪行为人或其以外之第三人）所有，即予没收。法院最终仍须视该任何人所有或持有该违禁物之身分、事由等情况而审理之。如此规定充其量仅是具宣示意义之注意规定[②]，实际上仍需要有相对应的程序法制，方能进一步真正落实实体法制，以确保没收当事人之程序正义及“宪法”保障之基本权益。因此，当前在没收形式上或名义上可能属于第三人之财产时，通常该财产本身不仅未具有如同违禁物等之一目了然之违法性，更具有社会一般人广泛持有之普遍性、流通性及个人保有财产（隐私）之隐密性等，在犯罪所得的区分或确认已有困难。此时，如何落实当前特别“刑法”扩大没收之实体法制，罚所当罚之同时，极力避免流于严苛刑罚，进而建构符合台湾地区、犯罪情势并兼顾与“宪法”保障第三人财产权、隐私权及“刑事诉讼法”侦查利益、程序正义等相平衡之程序法制，即为本研究为确保基本人权及公平正义之主轴[③]。

第二节　当前没收第三人涉及刑事案件财产程序法制之缺失

一、实务侦查面[④]

（一）仍然偏重传统以“人”为主之侦查方式

传统犯罪侦查学所谓“人际”或“地缘”关系等之清查，主要乃以

① 违禁物通常即为犯罪组成之物，故论理上，由于其制造或持有等行为的本身，多具有违法性，应予没收。然其是否真正具有违法性，仍须视其被所有（或持有）等之情况而定。例如，第一级管制药品之吗啡（Morphine）或鸦片（Opium）对一般人而言乃属违禁物，但对合法持有之医疗专业人员则非为违禁物。此时，该义务没收的规定，实质上多是告诫、威吓意义之宣示作用的存在。参阅谷口正孝，没收及び追征の研究—无差别没收を中心として，司法研修所，1955年5月，页64；陈朴生，没收之法的性格，政治大学学报，34期，1976年12月，页16。

② 臼木豊，没收・追征と第三者保护をめぐる诸问题，町野朔、林干人编，现代社会における没收・追征，信山社，1996年2月，页75。

③ 有关从宪法观点探讨没收第三人财产，违反日本宪法第31条法定程序保障之论述，参阅高柳信一，行政手续と人权保护，清宫四郎、佐藤功编，宪法讲座2，有斐阁，1963年9月，页276－277；大野盛直，行政手续に关する宪法上の原则，清宫四郎、佐藤功编，宪法讲座2，有斐阁，1963年9月，页242、244。

④ 有关实务侦查及审理面之实际案例，参阅本书第4、5章。

犯罪行为为本，延伸出去之人际或人物关系之侦查，目的在厘清案情的同时，倾其全力追缉犯罪行为人。至于与犯罪行为或犯罪行为人相关联之财物，限于有限的侦查人力及物力等因素，大多基于“刑事诉讼法”证据保全之思维或法庭论辩所用之目的，仅在其与犯行具有直接、密切相关时，方得作为搜索或扣押等之客体，并未积极重视从刑没收得否确实执行之问题。

（二）日渐重视确保以“物”为主之财产刑的执行

近年来由于重大经济、贪渎、毒品、洗钱等以犯罪财产为主之利欲（益）犯盛行，无论就打击犯罪之剥夺犯罪所得或特别“刑法”内常见优先发还被害人等之损害回复[①]的实践，均与“物”、“财物”或“财产上利益”等财产之追查密切相关。故在防制上述重大财产犯罪之对策方面，加强藉由“物”等财产犯罪之追查，找出通常不易查明之共犯或首谋（藏镜人），并依其罪责，罚所当罚（包括适切剥夺犯罪所得），使其无法藉由犯罪行为而获取利益，应是防制上述犯罪最基本的刑事政策。此类“物”等财产之追查，最具关键性的价值在于：（1）常为诱发犯罪行为人实施犯行之主要动机或目标；（2）其行为之构成要件该当性及违法性所对应客体财产之污染性，随着该等财产有意图的移转（掩饰、隐匿等）行为，事实上仍然持续存在于共犯或首谋之掌控中；（3）该等财物若因其只在形式（或名义）上属于他人财产，而无法没收或无法发还被害人，事实上已然创设出无异于鼓励该等犯罪之情势，而其最终发展的结果，除了无法追缉其他共犯或可能隐身幕后之直接或间接正犯外，更无法藉由没收、发还等彰显司法正义。

（三）侦查第三人涉及刑事案件财产之困难

近年来职司犯罪侦查主导权的检察机关，虽然组织体制并无重大变革，检察官及新增检察事务官的人力亦有所充实。惟传统犯罪之诈欺、窃盗等集团分工或跨境销赃之手法，已使办案的复杂性增加；且重大贪渎、经济犯罪、金融犯罪等之涉案层级及犯罪所得的洗钱手法，更加提升办案

---

① “贪污治罪条例”第 10 条第 1 项、“组织犯罪防制条例”第 7 条第 1 项及第 2 项、“洗钱防制法”第 14 条第 1 项等特别“刑法”多有依其情节分别没收或发还被害人之规定，故基于法益保护或损害回复之法理，犯罪所得若有被害人存在时，发还被害人之规定应优先于没收（或追征）之执行。即使贪污犯罪之被害人为国家时，因现行法有追缴之规定，追缴在解释上亦可视为优先发还被害人之规定。

之困难度，迫使检、警、调在侦查第三人涉及刑事案件之财产时，经常面临下列诸多困难：(1) 由于现代人持有财产的方式极为多元、复杂，而且不仅混合合法与非法财产，同时亦有实质（持有）或虚拟（无折黄金账户或期货等之选择权）财产交错之情形。因此，对第三人涉及刑事案件之财产时有不易特定、难以扣押；或考量比例原则而无法确保没收执行之虞。(2) 针对犯罪行为人（含共犯）实际掌握或持有第三人名义的财产涉及刑事案件时，论理上即具发动侦查门槛之合理怀疑，检、警、调单位实有进一步厘清或确认行为人占有之该财产是否具有混合财产之污染性或源自犯罪行为之违法性的必要。惟当前社会家族至亲基于相互照顾或节税考量，父母、子女或其他家人间实质所有对方之财产亦属人情之常；同理，公司主管阶层为促进分工效率、分散经营风险或逃（节）税，委由专业经理人或专责会计人员直接以个人或他人名义开立账户持有财产者亦所在多有。其中，最为人所诟病者，首推各方金主以人头账户在股市搜购股票或进出权证交易等由来已久的普遍情况，俨然已成为台湾地区金融交易极为独特之现况。又由于台湾地区国情、交易习惯及亲情交融的社会现象，往往呈现出太多涉及第三人合情、合理或真假难辨之借贷、政治献金、承诺、私下交易、陋规（回扣）及恶习（保护费）等之财产，这些财产是否必然就是犯罪所得，能否及时扣押以利没收或追缴等，将使检察官的侦查能力及举证义务，面临严峻的挑战及考验。

二、实务审理面

(一) 没收实体法制的局限

我国台湾地区实体法之没收，在性质（定性）上属于刑罚，而且明文规定为从刑。其之意义，主要有二：(1) 原则上必须附随于主刑，且科以主刑的共犯之间，基于共同责任关系，对于从刑没收之执行共负不真正连带债务之责任①。(2) 主、从刑的对象不得任意切割、分离，对非属科刑对象之第三人财产，原则上已非属该没收之客体，若无特别规定，不应没收之。其次，针对“刑法”第 38 条第 1 项第 1 款之违禁物，由于其之危险性或违法性，该条第 2 项特别明定为“不问属于犯罪行为人与否，没收

① 前田雅英、松本时夫，条解刑法，弘文堂，2007 年 12 月，页 43；吴天云，共同正犯共同犯罪所得的没收、追征方法，法学新论，8 期，2009 年 3 月，页 85－86；台湾“最高法院”1977 年度台上字第 1771 号判例。

之”，亦即无论其归属于被告或被告以外之第三人，法官似乎并无裁量余地必须义务没收。然实际上违禁物，是否必定义务没收，仍须视持有人有无违禁（违法）情形为断①。例如：犯人虽系违禁持有，而所有之第三人如系经合法允许持有者，仍不应予以没收②。反之，毒瘾发作急需毒品之医师虽可合法持有麻醉管制药品，但一时之间竟向贩售之第三人购买毒品时，其之持有仍是违法，该毒品在解释上仍应予以没收。再者，对于“刑法”第38条第3项针对第1项第2款之供犯罪所用或犯罪预备之物及第3款之因犯罪所生或所得之物，不同于“刑法”第38条第1项第1款之违禁物，必须在“以属于犯罪行为人者为限”之前提下，方得裁量没收之③。故在法官裁量时，将极易导致法院的审理实务，偏向仅对一目了然且及时可得而知系属于④犯罪行为人之犯罪所得等之物，方予以没收。另对于具有合理怀疑可能属于犯罪行为人之财产（包括其以第三人为人头，而实质所有之财产）均可能由于检察官因时间匆促、疏于举证或举证不易等困难，而导致最终难以没收之结果。最后，针对当前自由经济体制下社会财产多元存在的方式，个人所有财产与他人间之交易、投资或转让等极为普遍，现行没收规定在依法审判的审理实务上，明显存在下列二大缺失，足以影响法官对是否宣告没收或宣告没收范围之犹豫等，而易造成不同法院间见解之歧异：（1）本质上的问题为“刑法”第38条第1项作为各种不同形式存在之没收客体，是否仅限于“有体物”、“原物”⑤？以金钱或具经济价值之物是否能扩及具有同等兑换价值之（财）物⑥？以兑换价值转

---

① 藤永幸治，特別刑法における没収及び追徴，伊藤栄树、小野庆二、荘子邦雄编，注释特别刑法（第1卷），立花书房，1985年12月，页601。

② 台湾“最高法院”1940年度上字第1527号判例、台湾“最高法院”1982年度台上字第754号判例。

③ 参阅台湾“最高法院”1936年度上字第1892号判例。

④ 此“属于”之意义并不限于犯罪行为人之所有权，还包括抵押权等其他限定物权在内。惟针对善意第三人有限定物权之物，在解释上仍应予以没收，只是其权益持续存在而已，事实上已忽视限定物权人之权益，宜考量以刑事补偿之方式解决问题。参阅臼木豊，没収・追徴と第三者保护をめぐる诸问题，町野朔、林干人编，现代社会における没収・追徴，信山社，1996年2月，页86－87。

⑤ “又所谓犯罪所得之物，乃指因犯罪所直接取得之原物而言。若非因犯罪直接所得之物，如变卖盗赃或诈欺、侵占之物所得之价金，即不得依此规定谕知没收。”台湾“最高法院”2004年度台上字第4270号判决。

⑥ “刑法没收之物，虽指原物，但金钱为代替物，重在兑换价值，而不在原物，自难拘泥于没收原物之理论，认没收贩卖毒品所得之金钱，以当场搜获扣押者为限。”台湾“最高法院”1982年度台覆字第2号判例。

换之物是否可扩及无体物之财产权益（物权、债权等）？若为肯定，其之界线为何？（2）属于犯罪行为人的财产，有时并非均为一目了然的存在，而且更可能随时空环境或经济情况多所转换、寄存或投资。若非侦查期间，检察官能多善尽举证责任，否则处于被动、中立地位之法官，极可能因无法针对合理怀疑，产生应予没收之心证或确信，而难以宣告没收。

（二）没收第三人财产之程序法制的缺漏

起诉前检察官指挥警、调机关，纵使能将涉案之物或财产[①]作为扣押物或财产而移送该管法院。然在起诉后的审理阶段，由于该扣押物或财产往往在形式（名义）或实质上并非仅属于被告所有，渠等以外之第三人，即被告或共同被告以外之第三人，因已非“刑事诉讼法”第3条定义之“当事人”[②]，故除基于法院调查证据之需，而有传唤该第三人为证人之情形外[③]，渠等几无主动参与诉讼或莅庭进一步辩驳其涉案财产之机会。如此一来，该具经济价值之物或财产，若系以证据保全为由而扣押，自当在无留存必要或其系赃物且所有权无争议时，应及时发还受处分人或被害人[④]，并无没收之问题。反之，以没收保全为由而扣押或禁止处分第三人应没收之物或财产时，若未及时通知第三人并保障该第三人有参与诉讼及辩解、防御之权，显然已有违反“刑事诉讼法”第1条第1项程序法定原则及“宪法”第8条保障法定程序[⑤]之虞。

---

① “组织犯罪防制条例”第7条第1-3项、“洗钱防制法”第14条第1项、第2项等特别“刑法”扣押或没收的客体除财物外，尚扩及财产（上利益）。

② “刑事诉讼法”第3条谓：“本法称当事人者，谓检察官、自诉人及被告。”“刑事诉讼法”第319条第1项前段谓：“犯罪之被害人得提起自诉。”故自诉人多为被害人。因此，诉讼法上应有对被害人诉讼权益特别保障之必要，然“刑事诉讼法”却多所缺漏或忽视，亟有加强重视及修法增订之必要。

③ 陈朴生，没收之法的性格，政治大学学报，34期，1976年12月，页17。

④ “刑事诉讼法”第142条第1项之规定为：“扣押物若无留存之必要者，不待案件终结，应以法院之裁定或检察官命令发还之；其系赃物而无第三人主张权利者，应发还被害人。”

⑤ 我国台湾地区“宪法”第8条第1项规定“人民身体之自由应予保障。除现行犯之逮捕由法律另定外，非经司法或警察机关依法定程序，不得逮捕拘禁。非由法院依法定程序，不得审问处罚。非依法定程序之逮捕，拘禁，审问，处罚，得拒绝之”的正当法律程序。亦即，刑事侦查权或刑罚权之行使，不问对象是否属于刑事被告之身份，国家机关所依据之程序，须以法律规定，其内容更须实质正当，并符合“宪法”第23条所定相关之条件。参阅释字384号解释。此与日本宪法第31条要求的适正程序（according to the procedure established by law）及美国宪法要求之适法程序（due process of law）大致相当。参阅鸭野幸雄，适法手续と第三者所有物没收，时冈弘编，人权の宪法判例（第1集），成文堂，1971年4月，页238；伊达秋雄，没收，刑法讲座（第1卷），日本刑法学会编，有斐阁，1963年6月，页218。

（三）难以贯彻没收等之执行

长久以来，学术界对有关刑事没收之法制并未充分重视；在实务界法院审理的重点，经常在于确认事实后对犯罪行为人罪刑的宣告。至于非属主刑之财产权（包括没收、追征、追缴等）的宣告及后续检察官如何依法（判决）执行等仍然多所忽视，故对剥夺犯罪所得的执法欠缺完整的一贯性或协调性。究其原因除可归责于起诉前是否能及时扣押、禁止处分应没收物或财产之外，审理后往往因为被告等的避重就轻、检察官举证不易等因素及缺乏第三人参与诉讼的程序法制等，致使法官难以产生该应没收物（或财产）确为犯人所有财产的确信，而无法宣告没收。法院对于"刑法"第121条第2项、第122条第3项收受贿赂之没收或"洗钱防制法"第14条第1项规定之没收、追征等规定，经常仅在判决主文中载明"如全部或一部不能没收时，追征其价额"或"如全部或一部不能没收时，追征其价额或以其财产抵偿之"等援引法条方式因应之。至于检察官日后如何依法执行追征、抵偿之判[1]，特别是作为追征、抵偿之价额，法院若未予明确认定，检察官仅依判决宣告之主文（适用法条内容之引用），实有造成检察官认定价额困难、执行人力不足等情形外，若其之执行对当事人权益有重大影响时，更易让人产生检察官僭越法官职权之疑虑。

三、法制解释面

实务上的侦查或审判都必须恪守依法侦查或依法审判之基本原则。上述当前实务侦查或审判所面临的主要问题，有极大的部分是受限于时代的变迁、经济的发展，导致没收的客体变得多元、复杂，隐匿、保有犯罪财产的方式也变为巧妙、虚拟（无实体）等，不仅不易查获，而且即使查获，也常因为现行法制的规定不够明确或完备，经常成为法庭论辩争点或长期困扰第一线犯罪侦查的检、警、调人员的问题。尤其在没收第三人涉及刑事案件财产之程序法制的主要问题如下：

（一）物以外之合法或非法财产，是否可作为扣押或保全扣押之客体

"刑事诉讼法"第133条第1项规定"可为证据或得没收之物，得扣押之"。"刑法"第38条没收客体原则上以物为限；第40条第2项得单独

① "刑事诉讼法"第470条第1项前段规定"罚金、罚锾、没收、没人、追征、追缴及抵偿之裁判，应依检察官之命令执行之"。

宣告没收之违禁物或专科没收之物，基本上亦以物为限。故无论是在程序或实体之刑事基本法上，扣押与没收的客体早期均相当一致地以物为限，且程序法制扣押的客体乃取决于实体法制没收的客体①。亦即，只要是实体法上可以初步合理怀疑其为没收客体时，该客体即可为程序法扣押的客体。故依此结论，“组织犯罪防制条例”、“洗钱防制法”等特别“刑法”有关没收客体扩大至无体财产权时，与其相对应之程序基本法的扣押在解释上亦可能扩及无体财产。惟要留意的是：(1) 应当严守比例原则及不能成为严苛刑罚。例如，“组织犯罪防制条例”第 7 条第 1 项前段“犯第 3 条之罪者，其参加之组织所有之财产，除应发还被害人者外，应予追缴、没收。”该“组织所有之财产”的范围如何界定？如何执行扣押？均不能与“刑事诉讼法”程序法定原则及“宪法”保障财产权、生存权等基本原则相抵触。要区别一般扣押与（确保没收等执行之）保全扣押的差异。例如，“组织犯罪防制条例”第 7 条第 3 项“为保全前 2 项之追缴、没收或追征，检察官于必要时得扣押其财产”及“洗钱防制法”第 14 条第 2 项“为保全前项财物或财产上利益追征或财产之抵偿，必要时，得酌量扣押其财产”均属保全扣押之概念。其与一般扣押最大的差异在于并不以应没收物或财产为限，而可能扩及与犯罪行为毫无因果关系之一切任意的合法财产，故须有明文规定且符合执法的紧急性、必要性、合理性等，方能避免违反比例原则、无罪推定或侵犯“宪法”保障之财产权等违法、违宪之争议。

（二）被告以外第三人的财产能否没收

“刑法”第 38 条第 2 项对没收的客体，除违禁物依其制造、持有、使用等关系，决定是否得义务没收外，其余供用、预备、所生或所得之物，明文仅“属于犯罪行为人者为限”得裁量没收。亦即，非为犯罪行为人所属之物，包括无主物，事实上均无法直接援引该法没收之。又“刑法”第 38 条第 3 项虽明文但书“有特别规定者，依其规定”，惟多数特别“刑法”没收客体的对象，原则上仍然不能扩及任何善意的被告以外第三人，故其多非“刑法”第 38 条第 3 项非属于犯罪行为人而得以没收之“特别规定”的主要规范对象。此观之于“洗钱防制法”第 4 条，即先就因犯罪

---

① 此系针对没收而言，事实上扣押的客体多为可为证据之物，至于没收客体（财物或财产）的扣押，虽系作为得没收之物，但经常同时具有证据之性质，故解释上多被视为证据扣押或兼具证据扣押之作用。

直接取得之财物或财产上利益或因犯罪取得之报酬或前 2 款所列者变得之物或财产上利益，均明定为该法所称“因犯罪所得财物或财产上利益”，但即在该条第 3 款后段之但书谓“但第三人善意取得者，不在此限”。亦即，在第三人善意取得“因犯罪所得财物或财产上利益”时，由于该财物或财产上利益之污染性已遭阻绝，论理上已非没收客体，故其所有权人之善意第三人亦当然不是没收对象。又“洗钱防制法”第 14 条第 1 项，规定犯洗钱罪者其因犯罪所得财物或财产上利益，在义务没收之前，“应发还被害人或第三人者”，故在解释上即应排除被害人及善意的第三人[①]。另“组织犯罪防制条例”第 7 条第 1 项，规定犯组织犯罪者，其参加之组织所有的财产，在义务追缴、没收前，亦“应发还被害人者”。此与“洗钱防制法”在同一时期（相差约 2 个月）之立法，却无排除第三人者之用语，主要可能在于犯罪“组织所有之财产”多数都不是登记有案足以真实确认为该公司或人合团体等之财产，而是极有可能散存于组织成员个人名义的财产或可能潜藏于非组织成员之财产。惟没收参加“组织所有之财产”，在解释上仍不应扩及与犯罪行为无关之第三人[②]。综上，若与犯罪行为显然无关之善意第三人之财产，既非为没收客体，当然亦无须扣押。惟新近立法的“贪污治罪条例”第 10 条，基于该法严惩贪污，澄清吏治之立法意旨，特别在一定前提的事实要件下转换检察官之举证义务，并将没收公务人员贪污所得的对象，除公务人员本人外，尚扩及与其具有最密切亲属关系的配偶及未成年子女，应属特别预防立法政策下的例外规定，亦为符合“刑法”第 38 条第 3 项但书之特别规定。

（三）第三人无法初步认定为共犯或其所在不明时，对其涉案之财产，是否即无法没收

被告以外第三人所有之财产，若与被告犯罪行为或犯罪所得显然无关，当然无法扣押或没收[③]。然较易争议的是：若初步事实无法明确显示该第三人是否为共犯，但其所有之财产，又可合理怀疑与被告犯罪所得密

---

① 类似立法尚有“证券投资信托及顾问法”第 105 条第 3 项：“违反前二项规定，因犯罪所得财物或财产上利益，除应发还被害人或第三人外，不问属于犯罪行为人与否，没收之。如全部或一部不能没收时，追征其价额或以其财产抵偿之。”

② 类似立法尚有“人口贩运防制法”第 35 条第 1 项“犯人口贩运罪者，其因犯罪所得财物或财产上利益，除应发还被害人外，不问属于加害人与否，没收之。全部或一部不能没收时，追征其价额或以其财产抵偿之”，并无明文排除善意第三人之规定。

③ 臼井滋夫，第三者没收についての若干の考察，警察研究，32 卷 3 号，1961 年 3 月，页 90。

切相关时，是否可以先行扣押，再进而经由审理确认后宣告没收？此在论理上应该可行，同时也较符合公平、正义。但重点在于相关的诉讼程序必须要有法律依据（明文规定）。又若侦查证据事后显示该第三人为共犯时，但其又所在不明（逃亡）时，此时即使已提起公诉[①]，又应如何审理及没收[②]？此即为台湾地区现行法制尚未允许的刑事缺席审判要克服的主要问题之一[③]。另若相关事证显示该第三人并非共犯时，而此第三人涉案的财产，是否容许其因无法参与审判或法庭辩护等而迳行义务没收或无法没收？例如：被告实际掌控、使用之他人（男女朋友、昔日同学或不认识的第三人）人头账户内的混合财产。又若该非被告之第三人所在不明[④]时，则问题争点将转至：（1）是否可适用“刑法”第40条第2项[⑤]单独没收的规定，由检察官向法院声请得以单独没收之裁定；（2）是否可适用缺席审判的程序，以利审理及没收。关于前者（是否援用单独没收的规定），论者[⑥]有谓：2005年“刑法”大幅修正前之“改造枪枝如‘属于犯人所有’，自属“刑法”第38条第2－3项规定‘供犯罪所用之物或因犯罪所得之物’之适用范畴，而依“刑法”第40条规定之立法意旨，即便无裁判存在，检察官仅做一个职权‘发动’即可，检察官也依然可以单独宣告没收”。

对此，首先，该见解仅针对违禁物而言，无法普遍适用于无显著违法或危险性之一般财产；其次，没收通常须于裁判时并宣告之，宣告的主体应该仅为法院，故无裁判存在，即无法宣告没收，断无“检察官仅做一个

---

① 依“刑事诉讼法”第251条第2项“被告之所在不明者，亦应提起公诉。”第475条第1项“扣押物之应受发还人所在不明，或因其他事故不能发还者，检察官应公告之；自公告之日起满6个月，无人声请发还者，以其物归属国库。”

② 通常对于无法到案受审之人，对其是否确实犯罪或有无其以外第三人所有之犯罪所得等即无从审理，故若无缺席审判或被告以外第三人参与诉讼等之特别的程序法制，实无法判决宣告罪刑及没收，否则有违程序正义或刑止一身之虞。参阅孙德耕，论“刑法”总则关于没收之实用，刑事法杂志，5卷1期，1961年1月，页11；傅美惠，论没收—“刑法修正草案”“没收”规范评析，中正法学集刊，17期，2004年10月，页197。

③ 其余相关课题，尚有：被告死亡或心神丧失等。

④ 例如：检警根据相关线索，在搜索甲贪污犯罪所得时，从逃亡中乙（尚未起诉或被列为被告）的西装上衣口袋内搜得其代甲保管之12颗5克拉裸钻（价值至少超过2亿元）。若此次之搜索，尚在乙的西装裤内搜得数颗高价碎钻及其平日使用之公文包内发现有巨额现金，惟甲否认为其所有，乙则主张部分为其合法所有，部分则代甲以外第三人寄托之物，则日后对甲的裁判是否得以没收逃亡中乙所主张合法所有或持有之财物等之程序问题。

⑤ “刑法”第40条第2项规定“违禁物或专科没收之物得单独宣告没收。”

⑥ 傅美惠，论没收—“刑法修正草案”“没收”规范评析，中正法学集刊，17期，2004年10月，页223。

职权‘发动’即可”单独宣告没收之理，除有严重僭越法官职权外，亦有侵犯“宪法”保障财产权之虞。又被告以外之第三人逃亡前，若有下列侦查或审理中之情事，例如：依据“刑事诉讼法”第159条之1规定“被告以外之人于审判外向法官所为之陈述，得为证据。被告以外之人于侦查中向检察官所为之陈述，除显有不可信之情况者外，得为证据。”“刑事诉讼法”第159条之3规定“被告以外之人于审判中有下列情形之一，其于检察事务官、司法警察官或司法警察调查中所为之陈述，经证明具有可信之特别情况，且为证明犯罪事实之存否所必要者，得为证据：(1) 死亡者；(2) 身心障碍致记忆丧失或无法陈述者；(3) 滞留国外或所在不明而无法传唤或传唤不到者；(4) 到庭后无正当理由拒绝陈述者”。[①] 已对相关案件在审理时之扣押是否合法或能否没收等之证据能力认定有所助益。然更根本的问题是：“刑法”单独没收的规定，基本上是针对被告所持有他人所有之物或被告因免刑而须专科没收之物，故仅有在科刑的客体是被告占有或所有，且具有危险性或违法性之物时，方有例外适用类似英美法对物诉讼概念的单独没收。惟此欲解决第三人所在不明时之财产而扩大适用单独没收规定与现行法之适用的最大差异在于：科刑客体本身之物或财产，显然并未有如同违禁物一般，具有明确、立即之危险性或违法性；且若以现行法对单独没收宣告裁定之过程，既无须言词辩论，亦未明文规定尽可能给予第三人及时告知、辩护、防御或救济之权利，显然难以符合法理及程序正义。有关后者（是否适用缺席审判的程序），虽然“刑事诉讼法”第371条明文规定在第二审时，若“被告合法传唤，无正当之理由不到庭者，得不待其陈述，迳行判决”。似乎容易让人以为我国台湾地区已有缺席审判制度，然事实上不论是“刑事诉讼法”第281条第1项针对第一审之“审判期日，除有特别规定外，被告不到庭者，不得审判”；“刑事

① 其余相关“刑事诉讼法”规定，尚有第159条之2规定：“被告以外之人于检察事务官、司法警察官或司法警察调查中所为之陈述，与审判中不符时，其先前之陈述具有较可信之特别情况，且为证明犯罪事实存否所必要者，得为证据。”第159条之5第1项规定：“被告以外之人于审判外之陈述，虽不符前4条之规定，而经当事人于审判程序同意作为证据，法院审酌该言词陈述或书面陈述作成时之情况，认为适当者，亦得为证据。”

诉讼法”第284条“第31条第1项所定之案件[①]无辩护人到庭者，不得审判。但宣示判决，不在此限”；或依“刑事诉讼法”第379条之规定，对同条第6款“除有特别规定外，被告未于审判期日到庭而迳行审判者”；第7款“依本法应用辩护人之案件或已经指定辩护人之案件，辩护人未经到庭辩护而迳行审判者”。均为当然违背法令之判决等观之，我国台湾地区事实上并未有得以缺席审判之特别规定。因此，日后若能对：(1)涉嫌刑事被告本人逃亡[②]、死亡[③]或心神丧失时，建置缺席审判的制度以准许继续追查其涉案之财产；(2)被告以外第三人开始特别没收之审理程序或准许其参与被告案件审理之法定程序（包括该第三人自始即逃亡等所在不明、死亡或心神丧失等情况），有其重大意义及价值。该程序法制不仅可针对台湾地区贪污、经济、洗钱等高额犯罪所得者之嫌疑人或被告（本人）逃亡、死亡或心神丧失时之直接财产的追查；亦能避免渠等轻易地即能利用第三人之人头账户或其他洗钱管道，动辄以千万或亿为单位之境内、外交易、寄存或移转等方式，阻挠间接财产的追查。因此，如何在兼顾没收当事人（被告及不含被害人在内之被告以外第三人）之基本人权及诉讼权益的同时，确保国家（以没收、追征等）或被害人（以请求发还、损害赔偿等）保有继续追查犯罪所得的公平及正义，实为当前在刑事立法政策上亟待改善之课题。

（四）被告以外第三人因他人判决而被没收财产时，是否有权提起违宪审查

被告以外第三人因他人（被告）判决而实质受有财产损失时，其是否有权提起违宪审查之诉讼当事人的适格问题。我国台湾地区似乎仍未有类

---

① “刑事诉讼法”第31条第1项前段及第2项乃针对最轻本刑为3年以上有期徒刑或高等法院管辖第一审案件或被告因智能障碍无法为完全之陈述，于审判中未经选任辩护人者，审判长应指定公设辩护人或律师为其辩护；及第1项案件选任辩护人于审判期日无正当理由而不到庭者，审判长得指定公设辩护人。另“刑事诉讼法”第306条规定“法院认为应科拘役、罚金或应谕知免刑或无罪之案件，被告经合法传唤无正当理由不到庭者，得不待其陈述迳行判决”乃为针对无罪或较轻罪责行为人之规定。

② 台湾地区近年来较受瞩目的被告逃亡案件有：(1)高雄市前议长朱××因掏空案、贿选案交保后弃保潜逃（2003年9月）；(2)广三集团前总裁曾××因掏空案交保后弃保潜逃（2004年6月）；(3)“立法院”前院长刘××在台中广三超贷案判决前潜逃赴美（2004年9月）；(4)中兴银行前董事长王××因中兴银弊案而潜逃出境（2007年9月）。参阅联合报，2009年12月15日，A1版。

③ 依“刑事诉讼法”第251条，在被告逃亡时，若检察官依侦查所得之证据，足认被告有犯罪嫌疑者，即使所在不明，亦应提起公诉。依“刑事诉讼法”第252条第6款之规定，在被告死亡时，检察官应为不起诉处分。

似之司法解释，虽然我国台湾地区违宪审查的程序与解释制度与日本不同，但此当事人适格问题，针对我国台湾地区现况，事实上应该也是存在的，故应有足供我国台湾地区未来司法解释参考之处。当时日本违宪审查法官之少数意见曾质疑：（1）在违宪审查的具体案件中，可否以对自己不适用或合宪被适用之法律等被他人适用之情况，作为提起违宪诉讼之理由，准许请求违宪审查；（2）因违宪审查对象之法律而被宣告判决没收之被告本人，事实上可区分为无蒙受任何具体不利益或有蒙受任何具体不利益之情事二种。针对前者（无蒙受任何具体不利益），若针对预想之未来的描述情事作判断时，已超越司法权行使的范畴。此正如同被告及多数意见主张：被告可能遭受被剥夺所有权之第三人要求行使损害赔偿请求权之危险，即是一种仅止于未确定或描述性的事项，实际上该第三人是否会行使损害赔偿请求权，仍是未定的问题[①]。因此，该危险在现实上不会对被告产生任何具体不利的影响。针对后者（有蒙受任何具体不利益），被告既为犯人亦有恶意，剥夺其占有权，使其无法享有使用收益，不会违反日本宪法第29条保障之财产权；又给予刑事被告享有之告知、辩解、防御之权，亦不违反日本宪法第31条保障之法定程序。但尽管如此，违宪审查多数法官的见解仍然认为：（1）被告被科以附加刑之刑罚，当然具有以该判决违宪为由之请求权，不存在违宪审查是否当事人适格的问题；（2）被告本身被剥夺应没收物之占有权，已遭受使用收益之损失；（3）若进一步再遭受被剥夺所有权之第三人要求行使损害赔偿请求权之危险等，其之利害关系至为明显，应有上诉请求救济之管道[②]。因此，变更之前违宪审查法院之见解，认被告以外之第三人得以被告之判决违宪为由请求违宪审查[③]。

四、小　结

当前没收第三人涉及刑事案件财产之缺失，在实务侦查面最大的困难在于财产存在的方式多元、复杂及巧妙，且该财产的名义人或实质的所有

---

① 康树正，没收第三人所有物之程序规范—日本最高法院1962年11月28日大法庭判决评释，法令月刊，60卷1期，2009年1月，页90－91。

② 户波江二，第三者所有物の没收と适法手续—第三者所有物の没收に际し告知と听闻の手续が必要か；第三者の权利を援用して违宪の争点を提起できるか（最高裁昭和37年11月28日大法庭判决，刑集，16卷11号，页1593；判时，319号，页6），别册法学教室，宪法の基本判例，樋口阳一、野中俊彦编，有斐阁，1996年4月，页158。

③ 鸭野幸雄，适法手续と第三者所有物没收，时冈弘编，人权の宪法判例（第1集），成文堂，1971年4月，页236－237。

人有时亦会不同，故侦查机关的举证义务与能否及时扣押或保全等，一再受到严峻的挑战或考验。另在实务审理方面，不论是“刑法”或特别“刑法”有关没收的规定，原则上均须以犯罪行为人之财产为限。至于针对刑法违禁物之“不问属于犯罪行为人与否，没收之”，通常财产本身与多数违禁物所具有之危险性或违法性等显然不同，而特别“刑法”义务没收之规定①，仍须视其所有或持有等状态是否至少具有抽象危险性或违法性而定外，事实上亦不能任意扩大至被告以外之被害人或善意第三人。惟前者（被害人）之犯罪所得财产，若确为被害人所有且已能厘清时，不论在侦查或审理阶段均可依法请求发还，较无疑虑。而后者（善意第三人）是否为真正善意，通常在陈述内容（笔录）并非完全可信，相关事证亦非一目了然之际，除有赖检察官积极善尽举证责任外，在起诉后仍应有让该第三人参与被告诉讼之机会或权利，以确保其之平等权、诉讼权及财产权。否则，任何宣告或执行因他人（被告）裁判而致诉外第三人的财产受池鱼之殃时，显有违法、违宪之虞。

第三节　国际公约及日本没收缺席被告及第三人财产之程序法制

有关我国台湾地区建构刑事案件没收制度之被告缺席审判及第三人参与诉讼的制度，事实上在主要先进国家都有各种不同形式的立法例。而联合国的反腐败公约更是针对贪污犯罪所得的没收，提供利于国际刑事司法合作执行没收之依据或准则。因此，基于重大财产犯罪之被告隐匿犯罪所得避免被没收的人性及犯罪动机，参考国际公约或没收实体法制与我国台湾地区较相似之日本立法例，应有利于我国台湾地区强化没收被告及第三人犯罪所得之同时，促进“宪法”保障没收当事人之财产权、“刑事诉讼法”之程序法定原则与刑事司法机关之侦查利益及被害人追求审判正义之权衡，此正为当前我国台湾地区立法政策或刑事政策上亟须克服之重要课题。

① 例如：“组织犯罪防制条例”第 7 条第 1 项、第 2 项的规定及“洗钱防制法”第 14 条第 1 项之规定。

一、国际公约

联合国早在1988年即针对毒品犯罪制定联合国反毒公约，该公约第5条有关没收的规定，已要求各缔约国：(1) 应制定可能必要的措施以便能够没收毒品犯罪所得之收益或相当该收益价值的财产（第1款（a））；(2) 应制定可能必要的措施，使其主管当局得以识别、追查和冻结或扣押毒品犯罪所得的收益、财产、工具或任何其他物品，以便最终予以没收（第2款）；(3) 本条各项规定不得解释为损害善意第三方的权利（第8款）；(4) 本条任何规定均不得影响其所述措施应依缔约国的国内法并在该法规定的条件下加以确定和实施的原则（第9款）。之后，联合国陆续于1999年、2000年及2003年制定的反恐怖主义提供资金公约[①]（International Convention for the Suppression of the Financing of Terrorism）第5条、防止国际组织犯罪公约第12条及反腐败公约第31条均有类似之规定。其中，反腐败公约第54条更特别强调应透过没收的国际合作，以强化追回跨境资产的机制，将之前联合国各公约所谓之“采取必要的措施”具体扩大至：(1) 使其主管机关能够执行另一缔约国法院发出的没收令；(2) 使拥有管辖权的主管机关能够通过对洗钱犯罪或者对可能发生在其管辖范围内的其他犯罪作出判决，或者通过本国法律授权的其他程序，下令没收这类外国来源的财产；(3) 以便在因为犯罪人死亡、逃亡或者缺席而无法对其起诉的情形或者其他有关情形下，能够不经过刑事定罪而没收这类财产。

上述联合国相关公约有关没收规定的内容，事实上虽以英美法系的思维及法制为基本，但也尽量考虑到大陆法系没收法制及属性的差异。因此，公约制定的内容，已是联合国成员国取得最大共识的结果，亦是今后全球合作共同强化没收法制的指标。因此，就本书研究主题而言，除应以我国台湾地区犯罪情势及没收法制为本之外，如何参考日本法制之优点，改善我国台湾地区当前没收程序法制之缺失，借以符合公约相关规定，实为当务之急。如此方有可能较有成效地剥夺犯罪所得及联合协调各方共同打击各类财产犯罪。

---

① 参阅 http：//www. un. org/law/cod/finterr. htm（最后查阅日：2010年6月15日）。

二、我国台湾地区及日本法制

（一）有关没收缺席审判被告之财产

通常造成缺席审判的原因，大致上可以区分为下列主要类型：（1）逃亡；（2）死亡；（3）心神丧失；（4）蓄意于法庭不陈述意见或恶意扰乱法庭秩序等。大陆法系的国家，因为是采对人的诉讼（以人为诉讼主体），若重罪的犯罪嫌疑人在侦查期间逃亡，依我国台湾地区“刑事诉讼法”第251条第2项仍须提起公诉并发布通缉，但因其被逮捕或投案前实质上无法出庭，亦无法开庭审理[①]，通常只能等待其被逮捕或引渡后再开庭审理。又犯罪嫌疑人在侦查中死亡，依“刑事诉讼法”第252条第6款检察官应予不起诉；被告在审理中死亡，依“刑事诉讼法”第303条第5款法官应谕知不受理之判决。至于，被告若心神丧失、蓄意于法庭不陈述意见或恶意扰乱法庭秩序等，日本尚有相关法制因应之。以我国台湾地区“刑事诉讼法”为例，被告或犯罪嫌疑人因智能障碍无法为完全之陈述者，应通知其法定代理人、配偶、直系或三亲等内旁系血亲或家长、家属，得为被告或犯罪嫌疑人选任辩护人（第27条第2－3项）；被告或自诉人之配偶、直系或三亲等内旁系血亲或家长、家属或被告之法定代理人得为辅佐人之人或其委任之人或主管机关指派之社工人员为辅佐人陪同在场。但经合法通知无正当理由不到场者，不在此限（第35条第1项、第3项）。惟被告心神丧失或因疾病不能到庭者，应于其回复或到庭以前停止审判（第294条第1－2项），除非其显有应谕知无罪或免刑判决之情形者，得不待其到庭，迳行判决[②]（第294条第3项）。又被告拒绝陈述者，得不待其陈述迳行判决；其未受许可而退庭者亦同（第305条）。另日本刑事诉讼法制，对不适用刑法第29条（心神丧失、精神耗弱者）或刑法第41条（未满14岁者之不罚行为）的案件，被告或犯罪嫌疑人无意思表示之行为能力时，由法定代理人（亲权人有二人时，各自）代理诉讼（第28条）；若被告（含法人）无人代表或代理时，则可依检察官之请求或法院依职权选任特

---

① 参阅我国台湾地区“刑事诉讼法”第281条第1项规定：“审判期日，除有特别规定外，被告不到庭者，不得审判。”日本刑事诉讼法第286条后段规定：“被告于审判期日无法出庭时，不得开庭审理。”

② 此规定仅限于谕知无罪或免刑判决，并不包括非免刑之任何有罪之判决。另“刑事诉讼法”第306条虽将“被告经合法传唤无正当理由不到庭者，得不待其陈述迳行判决”之案件扩大至法院认为应科拘役、罚金之案件，但仍不包括应科予有期徒刑或没收之案件。

别代理人进行诉讼[①]；若犯罪嫌疑人（含法人）无人代表或代理时，则在有检察官、司法警察或利害关系人之请求时，应选任特别代理人进行诉讼（第29条）[②]；被告若为法人时，得以代理人出庭诉讼（第283条）。又对于（1）因轻微案件被科处罚金刑在日币50万元以下者，无须出庭。但被告得请求代理人出庭（第284条）；（2）对超过3年以下有期徒刑或罚金日币50万元以上之罚金刑者，必须出庭确保防御、辩解、陈述之机会（第285条第2项前段），其余情形，法院若认为被告出庭对其权利之保护非属重要时，得准许被告不出庭（第285条第2项后段、第285条第1项后段、第390条）。除上述特殊情况外，被告如于审判期日不出庭，法院无法开庭审理（第286条）。又若有下列三种情况时，（1）被告出庭但不陈述意见；（2）未经准许即退庭；（3）为维持秩序经审判长命令退庭者，法院得不经其陈述，迳行判决之。上述同为大陆法系之我国台湾地区、日本缺席审判的相关规定，应可适度解决因被告心神丧失、蓄意于法庭不陈述意见或恶意扰乱法庭秩序等情况时，对其犯罪所得无法宣告没收的困境。

（二）没收第三人财产方面

我国台湾地区“刑法”基本上不能没收被告以外第三人的财产。日本刑法第19条第2项后段规定“犯罪后知情取得没收物时，得没收之”[③]，有对知情第三人没收之例外规定。

然没收第三人财产之核心问题在于：当侦查阶段合理怀疑非被告之第三人（例如：因涉案但尚未起诉成为真正被告之可能共犯）享有犯罪所得时，论理上即应开始给予该第三人参与诉讼等之机会，以维其自身之合法权益。否则，即可能产生下列两个结果：（1）基于罪刑法定主义或无罪推定原则而无法没收；（2）因没收未能符合法定程序而讳法、违宪。因此，日本在1963年因关税法的走私案件没收被告船舶之外，尚扩及没收被告

---

① 日本刑事诉讼法第37条第5款及第290条对被告没有辩护人或辩护人未出庭时，规定法院可依职权选定辩护人。参阅小林充，刑事诉讼法，现代法律，2003年3月，页38；川端博、辻脇叶子，刑事诉讼法，创成社，2007年11月，页60。

② 依日本刑事诉讼法第314条第1项，若被告在审判出庭期间心神丧失时，法院听取检察官或辩护人之意见，确认该状况在审理期间将持续时，必须停止审判。但若为谕知无罪、免诉、免刑或不受理之判决明确时，得不待被告出庭直接裁判之。

③ 对此，论者有谓：并非只是单纯知情，而须进一步检讨有否防止的可能？或进而采取防止的措施等问题，亦有留意的必要。平野龙一，没收ノ－ト，警察研究，43卷4号，1972年4月，页13。

以外第三人所属的走私货物时，是以制定专法（刑事案件没收第三人所有物应急措施法，合计13个条文）的方式，建构事前参加及事后救济的程序[①]。前者（事前参加），当被告以外第三人财产有被没收之虞时，事前给予参加被告刑事案件诉讼的机会、赋予该第三人关于没收之裁判等，具有视同为被告之意见陈述、调查证据及上诉等权利；并明确规定未践行上述程序时，不得宣告没收。后者（事后救济），当法律上不应没收物之没收裁判已确定，但该第三人对未于裁判前主张权利等，并无可归责于己之理由时，在符合所定的要件及程序下，得请求取消确定裁判有关第三人没收的部分。该法当时紧急制定的主要目的，乃在解决当时因没收被告以外第三人财产而被宣告违宪判决[②]之困境，然至今仍在没收可能第三人财产的程序法制方面，除排除了"宪法"上之疑虑，更在实质上增进对隐匿于他人名义或尚未确认为真正被告之共犯犯罪所得的剥夺[③]。

三、私　见

上述以我国台湾地区没收被告及第三人犯罪所得之观点，考察及分析国际公约及日本的立法例。首先，针对我国台湾地区重大财产犯罪等被告的逃亡或经济、贪污犯罪等以他人名义隐匿寄存或复杂之洗钱方式，如何本于刑法谦抑性（最小变动性）及其与刑事诉讼法整合性之目的考量，制定利于没收被告及第三人犯罪所得之规定，应该是当前一个比较能有效解决问题的作法。其次，经由对国际公约及日本没收程序法制的考察，似乎可以得知当刑事实体法制愈能利于犯罪所得的剥夺时，与其相对应的程序法制不仅要有配套法制，而且还须更完整、周全，才有可能确实发挥实体法之效用。否则，任何改善实体没收法制之作为，除有遭"徒法不足以自行"之讥外，更有侵犯各国宪法或国际公约所保障被告以外涉案第三人之财产权、平等权、诉讼权等之虞。

---

① 臼井滋夫、铃木义男，刑事事件における第三者所有物の没收手续に关する应急措置法の解说，法曹时报，15卷9号，1963年9月，页11。

② 此判决为昭和37年11月28日最高裁判所大法庭判决，刑集，16卷11号，页1577－1593。参阅http：//www. cc. kyotosu. ac. jp/～suga/hanrei/61－3. html（最后查阅日：2010年1月15日）。藤永幸治，特别刑法における没收と追征，注释特别刑法（第1卷），伊藤栄树、小野庆二、荘子邦雄编，立花书房，1985年12月，页609－613。该判决内容与昭和28年（あ）第3026号、昭和29年（あ）第3655号及昭和35年10月19日最高裁判所大法庭判决，刑集，14卷12号，页1574－1611等内容矛盾，为变更之前判决要旨的新见解。

③ 伊达秋雄，没收，刑法讲座（第1卷），日本刑法学会编，有斐阁，1963年6月，页218。

第四节 完善我国台湾地区没收缺席被告及第三人财产之程序法制的刍议

一、没收缺席被告财产之程序法制的思维

（一）必要性、合理性

我国台湾地区刑事诉讼基本上是对人的诉讼。因此，在侦查期间如果被告逃亡时，虽能发布通缉并予起诉，但若一直无法拘提到案时，被扣押或禁止处分的财物（或财产）既不能发还，亦难以没收，极易导致影响被害人提出刑事附带民事诉讼等要求损害赔偿之期待或效果[①]。另被告死亡的情况，虽未必有可归责于己（被告本人）的责任，其之恶性及对社会的影响程度不若逃亡，但这种不问死亡原因为何，即必须在侦查中予以不起诉或审判中予以谕知不受理之判决，让整个被害财产去向不明、日后成为继承标的[②]或沦为其他在逃共犯之财产，而无法直接发还被害人，亦实无正义、公理可言，亟须基于社会公平，审判正义及被害人之观点，建立缺席审判或单独没收的制度[③]。

（二）可行性、补充性

大陆法系国家对于应科拘役、罚金或应谕知免刑或无罪以外重大犯罪的被告因逃亡、死亡，而无法审理的主因，在于无法确保审判被告所必要之程序参与原则及言词辩论原则[④]，而视被告出庭为开始审判的义务。然此确保被告诉讼利益的出庭义务，若造成诉讼的长期迟延及被害人对损害回复的期待遥遥无期时，事实上已深刻冲击到诉讼制度所追求最根本的公

---

① 参阅刘根菊、李秀娟，构建我国对外逃贪官缺席审判制度的研讨，陈光中编，《联合国反腐败公约》与我国刑事诉讼法再修改，中国人民公安大学，2006 年 1 月，页 158。

② 通常是否属于犯人所有的权利关系以判决宣告时为准，故若无及时之扣押，犯行后财物等的所有权因继承之故而有移转时，即非属于犯人所有之物而无法没收。参阅伊达秋雄、松本一郎，没收、追征，综合判例研究丛书—刑法（20），有斐阁，1963 年 10 月，页 42。

③ 参阅吴高庆，携款外逃案资产追回机制探析—以《联合国反腐败公约》为研究视角，陈光中编，《联合国反腐败公约》与我国刑事诉讼法再修改，中国人民公安大学，2006 年 1 月，页 187 - 191。

④ 参阅刘根菊、李秀娟，构建我国对外逃贪官缺席审判制度的研讨，陈光中编，《联合国反腐败公约》与我国刑事诉讼法再修改，中国人民公安大学，2006 年 1 月，页 146。

平、正义及效率。又依我国台湾地区“刑事诉讼法”第 281 条第 1 项规定：“审判期日，除有特别规定外，被告不到庭者，不得审判。”第 2 项规定：“许被告用代理人之案件，得由代理人到庭。”故在论理上被告死亡、逃亡缺席审判的案件基于社会之追诉利益及被害人之公义与被告追求之个人私利及依法保障之诉讼权利的权衡下，在符合一定要件及相当重大程度的范围内，应有斟酌参考类似日本刑事诉讼法第 29 条在被告或犯罪嫌疑人无代表人或代理人时，应依检察官、警察官或利害关系人的请求或法院职权选定特别代理人之规定，以利遂行代理诉讼[①]。另在概念上如果不将被告出庭视为开始审判的义务，而只视为法律保障被告参与诉讼、辩解及防御的权利。这些权利如果因被告逃亡或死亡而无法执行时，经由被告或其家属委托之代理人（含律师）或法院于必要时依职权代为指定代理人之缺席审判制度，准予法院能进行审理并裁定没收、发还等，当能利于解决问题，并让犯人无利可图的同时，致力于被害人损害回复之社会正义。

二、没收第三人财产之程序法制的探讨

（一）必要性、合理性

我国台湾地区“刑法”总则没收的规定基本上以“属于犯罪行为人者为限”，并未如同日本法对犯罪后知情者之第三人有例外没收之规定，显然极为狭隘，已不利于隐匿于他人（包括公司等法人或人合团体）名义下之犯罪所得的没收[②]。其次，“刑法”分则渎职罪章第 121 条至第 123 条犯罪行为客体之“贿赂”，形式上是将其视为如同违禁物之违法性，即无涉于犯罪行为主体究竟为犯人本人（含共犯）或本人以外之第三人，均应予以没收。然事实上对违禁物亦无法完全不论其之所有或持有之关系而一律义务没收。因此，若有本人以外之第三人对应没收物之贿赂主张权利时[③]，我国台湾地区并无明文准其参与诉讼等之程序规定。对此，日本依刑法第

① “刑事诉讼法”第 294 条第 4 项亦有“许用代理人案件委任有代理人者，不适用前三项之规定”，亦即只要被告有委任代理人则对被告心神丧失或因疾病不能到庭者，不适用应于其回复或到庭以前停止审判；或对显有应谕知无罪或免刑判决之情形者，不适用得不待其到庭，迳行判决等规定。

② “公司为法人，有独立之人格与权利能力，公司所有之财产与股东或负责人所有之财产各自独立，故公司之自然人股东或负责人，因犯罪行为为公司取得之物，如法律上所有权属于公司，即非犯人所有，自不在得没收之列。”台湾“最高法院”2008 年度台抗字第 185 号裁定。

③ 例如：以远低于市场价格购得之古董或未经公司允许下私自以公司所有之财物，行贿政府官员等情形。

197条之2（第三者行贿）及第197条之5（知情第三者收受之贿赂）均可开始对其进行应没收物的审理；或让其参与应没收物相关犯行之被告的审判，均是充分保障第三人财产权或诉讼权必要的程序法制。特别是当前财产存在、移转及应用极为多元、迅速及灵活的时代，相关事实之厘清及所有权人等的确认已非如同认定违禁物是否应予义务没收般之单纯、明确。况且在刑事特别法上之没收常有排除第三人善意取得之规定，该规定在司法机关对应没收财产有合理怀疑时，虽然可以证人身分传唤或依刑事诉讼法第159条之1至第159条之5之规定，对被告以外之人逃亡等时，于审判外之言词或书面陈述，仍得作为证据，而对第三人权益已有所保护。然事实上仍不符合日本立法例要求等同于被告般之严谨的法律程序，包括陈述、举证、调查证据、法庭攻防，难以达到毋枉毋纵之期待。此就最高的宪法位阶而言，我国台湾地区的没收与日本法制相同都定位在刑罚（从刑）。对第三人主张所有权或抵押权、地上权等限定物权之财产，若法院未能让第三人参与审理、陈述意见或言词辩论等程序，即宣告没收，且毫无补偿等救济措施，恐有违法、违宪之虞。又当前我国台湾地区对于被告宣告没收的同时，对第三人在该应没收物上所有之限定物权，认为应持续存在，不受没收之影响①。然在实质上该第三人之财产权益是否真正能不受影响，显有疑虑。另在论理上其与没收本质为国家原始取得②之刑罚结果亦有矛盾。故基于对上述问题之疑虑，亦有及早确立没收第三人财产之程序法制的必要性及合理性。

（二）可行性、补充性

随着刑事特别法内没收实体法制日渐扩大之际，事实上就必须要有能与其相对应且可行之程序法制，方能在确保没收当事人诉讼权益的前提下，落实没收的实体法制。特别是在侦查阶段，当第一线的司法警察人员虽依情况证据等合理怀疑第三人所有之财产为犯罪所得，但尚乏足够的积极证据认定其为共犯时，若基于无罪推定原则，不予没收，恐形成没收法制的漏洞；又检察官若贸然起诉，且于一定期间内未及时补正者，依“刑

---

① “‘禁烟、禁毒治罪条例’第十八条第一项没收供犯罪所用之财产（包括动产不动产），应以其所有权属于犯人者为限，该财产先与他人设定抵押权者，仍应予以没收，抵押权人不能于强制执行时，提起异议之诉，惟其抵押权不因此而受影响。”“司法院”院解字第3855号。

② 林山田，刑法通论（下册），台大法学院图书部，2006年6月，页441；苏俊雄，刑法总论Ⅲ，台大法学院图书部，2000年，页252；杨建华，刑法总则之比较与检讨，自版，1988年9月，页324。

事诉讼法”第161条第2项法院得为驳回起诉之裁定[①]，根本难以没收。另法院在审理被告案件时，基于相关证据及事实关系，若初步认定该第三人财产为被告的财产，则依法应予没收的前提条件乃是保障没收当事人（该第三人）参与诉讼及践行法庭辩解、防御等之程序法制，否则对被告之没收扩及该第三人之财产，即有违法、违宪之虞。若法院初步认定为被告以外第三人的财产，则就结果而论，若属善意第三人，其之财产是无法没收，但就过程而论如何确定其之善意，则是核心问题所在。此时，依日本法必须确认其是否于犯罪后知情取得该应没收财产而判定之。然我国台湾地区尚乏对非善意者行为之客观认定的明文规定，认定的过程较为主观、抽象，因此更迫切需要制定严谨的程序法制，以让被告以外第三人及检辩双方能充分进行言词辩论等攻防以辩正事实，遂行审判正义。

当前上述情况，我国台湾地区多以证人身份传唤、讯问之，无法在制度上充分保障其对自己有利的主张，有其界限[②]。例如：在第三人之善意未确认前，其可能是被没收财的当事人，但确非（审理被告案件之）本案的当事人，无法如同被告般完整保障其包括参与本案诉讼、陈述意见、声请调查证据、言词辩论、事后救济等之法定程序[③]。故若在我国台湾地区创设没收第三人财产之程序法制，除了避免没收实体法制的裁判成为违法、违宪的裁判外，更在实质上益于提升没收等实体法制的成效，利于达成促进被害人诉讼利益、保障第三人诉讼权益及实现司法正义等三赢的局面。

三、建议修法刍议

（一）有关被告缺席或被告以外第三人缺席时，没收其财产之程序法制

被告缺席或被告以外第三人缺席时没收其财产之程序只是缺席审判的一部分，必须建构在一般缺席审判法制的框架内。因此，可概分为下列两

---

① “刑事诉讼法”第161条第2项规定：“法院于第一次审判期日前，认为检察官指出之证明方法显不足认定被告有成立犯罪之可能时，应以裁定定期通知检察官补正；逾期未补正者，得以裁定驳回起诉。”

② 参阅户波江二，第三者所有物の没收と适法手续一第三者所有物の没收に际し告知と听闻の手续が必要か；第三者の权利を援用して违宪の争点を提起できるか（最高裁昭和37年11月28日大法庭判决，刑集，16卷11号，页158。

③ 臼木豊，没收・追征と第三者保护をめぐる诸问题，町野朔、林干人编，现代社会における没收・追征，信山社，1996年2月，页76。

大范畴：

1. 明定适用的类型及要件

基于立法政策的考量，缺席审判制度的适用必须确保诉讼的公正及效率。因此，适用犯罪行为的类型应可先限定于犯罪行为人有较高逃亡或隐匿高额犯罪所得的类型，亦即有：（1）较高的逃亡动机；（2）一定金额以上的高额犯罪所得。例如：重大的经济犯罪、贪污犯罪、洗钱犯罪、组织犯罪、毒品犯罪、环境犯罪等。另在适用要件方面必须符合下列所有的条件：（1）犯罪事实及嫌疑人的身分必须明确；（2）必须先以通知或公告之方式通缉之；（3）应已提起公诉。

2. 落实通知、送达及言词辩论等刑事诉讼基本原则

首先，应明定通知、公示送达起诉书之特别程序，以利亲属或利害关系人转知。其次，于起诉书上应载明得选任律师或委托第三人为代理人，若无代理人，法院得依职权指定律师代理诉讼。再者，对判决不服时，准许被告有上诉权利。若法院判决确定后，刑罚时效完成前，被告有不可归责于己的正当理由无法受审时，法院得依其请求撤销原判决后重新进行审理。

（二）有关没收第三人财产之程序法制

日本过去由于要解决没收第三人财产之判决违宪的问题，立法上对于没收第三人财产之程序法制，曾提出下列三种方案[①]：（1）让第三人参与被告的诉讼；（2）将第三人视为没收案件的当事人，单独进行诉讼；（3）将没收物件（财产）本身拟制为被告，让与该物件有关之利害关系人参与对物诉讼的程序。但由于考量：（1）刑法上的没收仍定位为附加刑；（2）对没收第三人财产之判决，主要是违反日本宪法第31条所要求保障适正程序[②]之问题[③]，故多数意见认为让第三人在法庭上有充分、完整之陈述意见、

---

① 臼井滋夫、铃木义男，刑事事件における第三者所有物の没收手续に关する应急措置法の解说，法曹时报，15卷9号，1963年9月，页11－13。

② 日本学说对宪法第31条“适正程序”的解释，主要有：（1）程序规定必须由法律决定；（2）法律所决定之程序必须适切；（3）实体规定亦必须由法律决定；（4）由法律所决定实体的内容亦必须适切。戸波江二，第三者所有物の没收と适法手续—第三者所有物の没收に际し告知と听闻の手续が必要か；第三者の权利を援用して违宪の争点を提起できるか（最高裁昭和37年11月28日大法庭判决，刑集，16卷11号，页157。

③ 绪方英三郎，第三者没收事件（最大判昭37.11.28），自由と正义，38卷5号，1987年5月，页20。

辩解及防御之权，应是解决该问题较佳之方式。参酌大陆法系国家有单独没收规定者，大多欠缺相关配套之程序法制，故最后采取上述方案1之见解，并确立以事前参加为主、事后救济为辅之原则，以解决违宪判决所指摘违反适正程序之问题[1]。另基于日本刑事法学曾深刻影响我国台湾地区，相关没收的实体法制又与我国台湾地区没收法制之体系及定位最为接近，其配合实体法之特别程序法制，应可供我参酌。其之具体规定[2]主要有：(1) 被告以外的第三人系指尚未起诉成为被告以外之第三人，包括涉嫌为被告共犯之嫌疑人；(2) 应没收财产，包括是否属于被告或第三人所有仍有争议之财产；(3) 规定通知书或公告之内容、程序及时间；(4) 明定参加的细部程序；(5) 规定第三人具有与被告相同之诉讼权利[3]；(6) 明定被告得不出席审判，被告所在不明时，法院无须送达开庭日期通知书或其他相关文书；(7) 针对与其没收财产相关之笔录，得请求传唤证人；(8) 明定有关第三人所有之物，未准许第三人参与诉讼时，不得宣告没收之例外规定；(9) 准许第三人上诉；(10) 第三人为法人时，以代表人或管理人代为诉讼；(11) 第三人无意思能力时，由法定代理人代理诉讼；(12) 第三人得选任律师为代理人；(13) 第三人参与没收之程序，在本法无特别规定时，依“刑事诉讼法”之规定；(14) 在没收确定裁判之后，第三人有不可归责于己之事由，无法主张权利时，应在知悉该判决14日内请求法院撤销判决。没收判决被撤销时，得依法补偿之[4]。惟若该判决确定之日起已达5年时，则不得请求撤销判决。

（三）我国台湾地区导入没收缺席被告及第三人财产之程序法制的再思考

本书以论述没收第三人财产之程序法制为主轴，惟因该第三人也有逃亡、死亡等情形，而以子标题兼论建构我国台湾地区缺席审判法制的重要性。因此，针对可供我国台湾地区立法参考之日本没收第三人财产之特别程序法制，在内容上与本书建议建构我国台湾地区缺席审判制度之内

---

① 臼井滋夫、铃木义男，刑事事件における第三者所有物の没收手续に关する应急措置法の解说，法曹时报，15卷9号，1963年9月，页11。

② 臼井滋夫、铃木义男，刑事事件における第三者所有物の没收手续に关する应急措置法の解说，法曹时报，15卷9号，1963年9月，页25－54。

③ 具体而言，即视其为被告诉讼中之准当事人，以利其处于能防止被告被科以没收刑之诉讼活动的地位。铃木义男，第三者没收の手续，警察研究，34卷11号，1963年11月，页13。

④ 参照臼井滋夫，第三者没收についての若干の考察，警察研究，32卷4号，1961年4月，页52－53。

容，在通知、公示送达、代理人代理诉讼、有上诉权利及救济规定等相类似。最大的差异在于：（1）未有适用特定重大犯罪类型之门槛的设置；（2）视被告是否出席为被告之权利，而非义务，故明定被告得不出席审判。又被告所在不明时，法院无须送达开庭日期通知书或其他相关文书，以避免缺席审判的问题。对此，关于前者（未有适用特定重大犯罪类型之门槛的设置），让所有第三人财产在被没收裁判前均参与诉讼的主轴，日本在立法讨论阶段，即已产生是否会导致诉讼手续的复杂化及迟延审判之可能，但当时日本针对实例实际调查的结果，确认参与诉讼的第三人实质上多为犯人或可视同犯人，认为不必杞人忧天①。此 1963 年的立法实施至今，依然未见有上述指摘之缺失，且在之后扩大没收毒品犯罪或组织犯罪等重大犯罪所得之法制等，亦多有准用该法之规定②，故似乎无须比照缺席审判设置适用门槛的必要。有关后者（视被告是否出席为被告之权利），将诉讼地位上视同被告之第三人应出庭审判的义务，基于第三人所在不明或缺席的事实，而将其巧妙的转成视其为权利之观点，事实上与将第三人视同被告之规定明显矛盾，且对第三人之程序保障亦难称周全，不符合特别程序之立法意旨。因此，为解决上述问题之缺失，个人浅见以为：（1）“刑事诉讼法”对于重大犯罪没有缺席审判制度，除了迟延诉讼外，对社会法制、社会民心及民众规范意识等多有极大负面的影响，有其独特性及紧急性，我国台湾地区至少应该针对重大犯罪者优先建构缺席审判的程序规定。（2）在没收第三人财产之程序法制时，因为该第三人仍有共犯之可能，故不宜片面解释将其之出席义务转换为权利，而刻意轻忽其等同被告之法定程序。若有住所不明等情，仍应开始适用缺席审判的程序。（3）过去“刑事诉讼法”为实现司法审判正义，对于被告多所保护，但当前的“刑事诉讼法”对被害人的损害回复方是呈现司法正义最重要的指标。因此，针对当前及未来财产犯罪者的财产追查或没收的法庭攻防，如何健全相关程序法制之重要性昭然若揭。

---

① 臼井滋夫、铃木义男，刑事事件における第三者所有物の没收手续に关する应急措置法の解说，法曹时报，15 卷 9 号，1963 年 9 月，页 13－14。

② 例如：剥夺组织犯罪所得法（日文全名为：组织的な犯罪の处罚及び犯罪收益の规制等に关する法律）第 18 条第 6 项、麻药特例法（日文全名为：国际的な协力の下に规制药物に系る不正行为を助长する行为等の防止を図るための麻药及び向精神药取缔法等の特例等に关する法律）第 16 条第 4 项均有类似规定。

第五节　结　语

我国台湾地区“刑法”将没收定性为刑罚，且多以犯罪行为人所有之财物为限；特别“刑法”则将没收客体扩大至一切可能之财产，且明文扩及非属善意第三人涉及刑事案件之财产。惟并无准许该被告以外第三人参与被告案件之法定程序的保障，故因被告判决而对其造成财产损失的刑事处罚恐有违法、违宪之虞。其次，由于财产存在之方式及所有之态样日渐多元、复杂，该第三人是否确实恶意或善意的厘清及财产权的真正归属等，有时实非一目了然的存在或简单事实即能足以确认，故即使在侦查机关有合理怀疑之具体事证下，如何让其参与被告之诉讼，并给予等同被告之权利，以遂行辩解、防御之法定程序，极为重要。否则，未经其参与、辩解、防御等被告诉讼之没收判决的结果，竟然波及诉外第三人之财产权益，显然为有重大瑕疵之枉法判决。又该被告或第三人在侦查中若有逃亡、死亡等情形时，依法法院无法开庭审理或检察官予以不起诉处分，轻易即可阻绝可能犯罪所得的追查，故如何针对我国台湾地区当前犯罪情势、法制现况及缺席审判等问题，参酌国际公约及没收法制与我国台湾地区相近之日本立法例有关没收缺席被告及第三人财产之程序法制，进而提出完善我国台湾地区没收缺席被告及第三人财产之程序法制的刍议，以兼顾“宪法”保障第三人财产权、隐私权及“刑事诉讼法”侦查利益、程序正义等相权衡之程序法制，方能真正落实现有扩大没收之实体法制，并确保被告以外第三人之基本人权及被害人之公平正义。

第八章
结论与建议

一、比较法考察之立法趋势

二、完善我国台湾地区扣押等程序，以利损害回复及没收

三、厘清我国台湾地区案例有关扣押及扣押物发还之争点

四、确认对金融账户之冻结、扣押或禁止处分之理论与实务

五、建构没收被告以外第三人涉嫌犯罪或被告逃亡时之财产的程序法制

本书从比较法及国际公约的观点，经由上述从广度到深度系列主题之考察，归结出核心主轴课题的结论与建议如下：

一、比较法考察之立法趋势

由于洗钱犯罪本身就是对重大犯罪所得之掩饰及隐匿的作为。因此，对抗洗钱犯罪之利器必然就是以没收法制剥夺其之犯罪所得，故主要先进国家之英、美、德、日等国没收法制的演变情况如何？没收法制的国际发展趋势如何？以没收洗钱犯罪所得为例，当可得到较深入且有益之启发。对此，笔者以为：(1) 从没收整体法制而言，实体与程序是相辅相成、互为补充，没有实体法依据的程序法制，会欠缺正当性的合理基础；而没有程序法保障的实体法制，完全不具实现可能性，即使实现，亦沦为非法之恶行。故就没收成效面之研究，统整实体及程序法制的问题，可能是最好的抉择。惟如果程序法制本身涵盖的主轴射程亦相当广泛时，单就没收前置阶段之程序法制独立研究，事实上亦难否认其之研究价值。特别是，以扣押等为主轴的程序法制，是在犯罪侦查初期即已发动，没有扣押等不仅可能导致侦查困难，即使日后法院能宣告没收，亦恐沦为空判，而毫无意义。故没收程序法制研究之重要性应至少等同于没收实体法制之研究，而且更具理论结合学理之实用价值。(2) 从没收实效性之观点，英、美等国的没收法制在适用上极具弹性；大陆法系德国的没收法制亦相对多元、复杂，都属较具实效的法制。但没收实体法制已然扩大的同时，没收的程序亦须逐渐完备，如此方能借由程序法制的强化，真正落实实体法制，而不会使其沦为没收分享导致与民争利或严苛刑罚的恶果。因此，没收程序法制之完备，除有平衡人权（财产权、自由“使用财产”权及诉讼权）保障及侦查利益外，尚有节制或限缩没收实体法制恣意扩大的作用。(3) 从法制整合面及高适用性之观点，由于日本没收实体法制的定性及诉讼法制与我国台湾地区相近，且为因应国际公约等亦有相对应之调整，故日本现行没收之程序法制，已针对所有可能的没收客体，订定明确没收第三人财产的程序（含检察官必须及时处理的没收债权、法院没收判决的土地登记与刑事补偿的特例等）、（起诉前）没收（追征）保全程序及确保没收（追征）执行的国际刑事司法互助规定等，非常完整、充实及细致，应有较高参考价值。

二、完善我国台湾地区扣押等程序，以利损害回复及没收

我国台湾地区“刑事诉讼法”的一般扣押在性质上为对物之强制处分，目的在于确保证据或没收执行之保全。然扣押在学理上具有证据保全、违禁物保全及财产保全等多元保全作用。而财产保全的射程范围事实上已超越传统没收执行之保全，而扩及被害人或犯人以外善意第三人财产权之保护。因此，没收程序法制的扣押，在如此论理之下，已更具正当性的合理基础。然在适用上仍须恪守正当法律程序原则、比例原则及确保相关第三人参与诉讼等之程序正义。惟我国台湾地区并无针对扣押性质的演变，有整体深入的研究或立法，导致体例紊乱、要件（界限）不明，进而致使有关扣押物发还、救济等配套程序作业等亦难以有效发挥作用。故本书在指摘及凸显当前我国台湾地区适用扣押等法制之缺失外，亦提出改善刍议如下：(1) 明确扣押的目的与作用；(2) 区分扣押的客体与物的界线；(3) 明定扣押的决定机关及促进无必要扣押物之发还；(4) 完善禁止处分财产之执行及代替措施；(5) 改善冻结或发还警示账户内金钱债权之缺失。

三、厘清我国台湾地区案例有关扣押及扣押物发还之争点

在我国台湾地区重大案例研究上，先以台湾“最高法院”2007 年度台抗字第 596 号裁定为例，指摘“刑事诉讼法”第 142 条第 1 项有关扣押物之发还，在学界及实务界均未受到应有的重视。进而指陈当前我国台湾地区司法警察以调借为名扣留有价证券（债票）的缺失；以比较法的观点，剖析声请人适格主体的程序问题与发还扣押物在实体上须具已无留存必要及无第三人对其主张权利的要件。最后则具体指出本件当事人若不满相关民、刑事诉讼旷日费时所致高额债票长期扣留之财产损失及一再声请而仍被驳回之讼累，当可援引“刑事诉讼法”第 142 条第 2 项之规定请求暂行发还，方为符合声请人利益及避免过度损失的最佳作为。以台湾“最高法院”2008 年度台抗字第 185 号裁定及台北地院 2009 年度声字第 962 号裁定为例，剖析：(1)“刑法”总则没收规定及“刑事诉讼法”一般扣押规定均以物为前提，对自始即以无体之财产上利益存在的证券犯罪所得，主张应优先适用“证交法”第 171 条第 6 项义务没收之规定，并据以适用“刑事诉讼法”第 133 条第 1 项一般扣押之规定。(2) 应没收财产之归属本属应经传唤、讯问、事实调查及证据评价等承审法院实体审理之范

畴。针对本案法律审之台湾“最高法院”，若非下级法院明显背离事实或法理，原则上不应率予否定。更不能无视当前刑法理论在制裁法人犯罪之缺失，仅因其在形式上自始即属法人所有，即认定其无法没收或扣押。(3）扣押裁定既经上级法院撤销，即因缺乏扣押必要性，而失所依据（“刑事诉讼法”第133条第1项），惟其与声请扣押物发还之欠缺留存必要性（“刑事诉讼法”第142条第1项），分属不同概念，亦各有不同之法律依据，应依法裁定，不应以实质上不置可否之函复方式处理之。(4）扣押必要性与留存必要性在实务上之认定主体及审酌必要性之要项有所不同，故在斟酌留存必要性时，尤须重视：①扣押物发还之后有无丧失或毁损之虞？②继续扣押时受处分人所受不利益之损害程度是否过当？③被扣押物之所有权等之违法性或权利关系是否有争议？(5）准驳发还扣押物之裁定理由，不能任意扩大其继续作为证据或没收保全之必要性，而失其合理性或有违比例原则。因此，针对本案建议具体事项之判断基准为：若受处分人能提供相当于扣押物财产价值之替代物或财产；或该扣押物长期继续留存之结果，极有可能导致以（扣）押物遂行侦查之虞或过度影响个人生计、公司经营等情况时，则可排除或降低留存必要性。同时，提议增订法院在裁定发还前，应征询检察官、被告及辩护人意见之规定。

四、确认对金融账户之冻结、扣押或禁止处分之理论与实务

诈欺、洗钱等经常移转高额资金之特定财产犯罪者，以金融账户寄存资金（财产），虽可能会增加被查获之线索或被申报疑似洗钱交易（检举）之法律风险，但借由金融账户利用金融体系，达成资金移转或进而投资、交易等商业活动，相较于其他方式，仍具有较高的安全性、便捷性及利益性。另相关之法律风险，若能以人头账户实施之，在相当程度上仍可暂时阻挠或阻绝司法机关之侦查作为，此乃人头账户盛行的主因。至于以人头账户诈欺取财或洗钱犯罪时，现行“刑事诉讼法”或特别“刑法”之扣押、禁止处分等虽得以达到暂时管控之效果，但实质财产权益归属者亦得依“刑事诉讼法”第142条声请发还或依第416条提起准抗告。另就回复损害之观点，特别是该账户内剩余款发还之问题，仍与民事法密切相关，其之债权归属仍需综合各种情况方能进一步判定之。

我国台湾地区“刑事诉讼法”之扣押客体有其局限；刑事特别法之酌量财产扣押因缺乏相对应之配套措施或救济程序而难以执行；“洗钱防制法”之禁止处分在法制面虽符合国际公约冻结之定义，然仅限于洗钱犯罪

之特定洗钱交易的财产，难以充分达到保全没收之作用；“银行法”之警示账户虽有其成效，然本质上有别于国际刑事法制之冻结、扣押，似可视为因重时效而便宜行事，致忽略程序及实体正义之立法。国际上对金融账户之扣押及冻结与我国台湾地区对其之扣押及禁止处分，在法律内涵及实施之配套措施有所差异。然其共同以利于没收保全等剥夺犯罪所得之立法，对被害人之损害回复的目的确是完全一致的。因此，如何加强相关法制之整合，并在维护刑罚权与当事人合法财产权益间，借由学理及实务之结合，找出一个既能保障财产权，又能促进社会及被害人之公平正义的平衡点，实具有迫切之必要性。故当务之急仍须：（1）加强国际共同防制洗钱相关公约、建议与我国台湾地区“洗钱防制法”之研究及比较；（2）针对国际冻结、我国台湾地区“刑事诉讼法”一般扣押、“洗钱防制法”之财产扣押及禁止处分，举办结合学理及实务之课程，以加强倡导及整合；（3）不能再以刑事特别法或“刑事诉讼法”内增加少数个别条文之立法方式回应之，而应全面研整主要先进国家有关冻结、扣押之法制，并努力建置利于我国台湾地区适切剥夺犯罪所得之刑事法制。

五、建构没收被告以外第三人涉嫌犯罪或被告逃亡时之财产的程序法制

我国台湾地区“刑法”将没收定性为刑罚，且多以犯罪行为人所有之财物为限；特别“刑法”则将没收客体扩大至一切可能之财产，且扩及非属善意第三人涉及刑事案件之财产。惟并无准许该被告以外第三人参与被告案件之法定程序的保障，故若第三人因被告案件而遭受财产损失之刑事处罚时，恐有违法、违宪之虞。其次，由于财产存在之方式及所有之态样日渐多元、复杂，该第三人是否确实恶意或善意的厘清及财产权的真正归属等，有时实非一目了然的存在或简单事实即足以确认之关系，故即使在侦查机关有合理怀疑之具体事证下，如何让其参与被告之诉讼，并给予等同被告之权利，以遂行辩解、防御之法定程序，极为重要。否则，未经其参与、辩解、防御等被告诉讼之没收判决的结果，竟然波及诉外第三人之财产权益，显然为有重大瑕疵之枉法判决。又该被告或第三人在侦查中若有逃亡、死亡等情形时，依法法院无法开庭审理或检察官须予以不起诉处分，轻易即可阻绝可能犯罪所得的追查，故如何针对我国台湾地区当前犯罪情势、法制现况及缺席审判等问题，参酌国际公约及日本法制没收缺席被告及第三人财产之程序法制，进而提出完善我国台湾地区没收缺席被告

及第三人财产之程序法制的刍议如下：(1) 有关没收被告缺席或被告以外第三人缺席时之财产的程序法制：①明定适用的类型及要件；②落实通知、送达及言词辩论等相关之刑事诉讼基本原则。(2) 有关没收第三人财产之程序法制：基于日本刑事法学曾深刻影响我国台湾地区，相关没收的实体法制又与我国台湾地区没收法制之体系及定位最为接近，其配合实体法之特别程序法制，应可供我参酌，主要有：①让第三人（包括涉案但未经起诉成为真正被告之可能共犯）参与被告的诉讼；②具体规定该第三人具有与被告相同之诉讼权利、得选任律师为代理人等。